É POSSÍVEL SUPERAR A VIOLÊNCIA NA ESCOLA?
CONSTRUINDO CAMINHOS PELA FORMAÇÃO MORAL

Luciene Regina Paulino Tognetta
Telma Pileggi Vinha
(organizadoras)

Dados Internacionais de Catalogação na Publicação (CIP)
(Câmara Brasileira do Livro, SP, Brasil)

Tognetta, Luciene Regina Paulino
  É possível superar a violência na escola? : construindo caminhos pela formação moral / Luciene Regina Paulino Tognetta, Telma Pileggi Vinha, (organizadoras). – São Paulo : Editora do Brasil : Faculdade de Educação Unicamp, 2012. – (Coleção práxis educação)

  Vários autores.
  Bibliografia
  ISBN 978-85-10-05120-0

  1. Disciplina escolar 2. Educação - Aspectos morais e éticos 3. Educação e Estado 4. Violência nas escolas I. Tognetta, Luciene Regina Paulino. II. Vinha, Telma Pileggi. III. Série.

11-12191   CDD-370.15

Índices para catálogo sistemático:
1. Ética, violência nas escolas : Psicologia educacional 370.15

Unicamp
Faculdade de Educação
GEPEM
Telma Pileggi Vinha
Luciene Regina Tognetta

Conselho editorial
Alessandra de Morais Shimizu
UNESP/Marília-SP

Fernando Cézar Bezerra de Andrade
UFPB/João Pessoa-PB

Lia Beatriz de Lucca Freitas
UFRGS/Porto Alegre-RS

Lucia Salete Celich Dani
UFSM/Santa Maria-RS

Maria Suzana De Stefano Menin
UNESP/Presidente Prudente-SP

Patrícia Unger Raphael Bataglia
UNESP/Marília-SP

©Editora do Brasil S.A., 2012
Todos os direitos reservados

Direção-geral
Vicente Tortamano Avanso

Direção executiva
Maria Lucia Kerr Cavalcante de Queiroz

Direção editorial
Cibele Mendes Curto Santos

Supervisão editorial
Rita de Cássia Rodrigues
Felipe Ramos Poletti

Supervisão de arte e editoração
Adelaide Carolina Cerutti

Supervisão de direitos autorais
Marilisa Bertolone Mendes

Supervisão de controle de processos editoriais
Marta Dias Portero

Coordenação editorial
Regina Lúcia Faria de Miranda

Consultoria de iconografia
Tempo Composto Col. de Dados Ltda.

Produção editorial
Ilustrarte Design e Produção Editorial

Revisão
Michele Mitiê Sudoh
Eduardo Carneiro Monteiro
Priscila Gurgel Thereso

Pesquisa iconográfica
Adriana Vaz Abrão
Daniela Baraúna
Juliane Orosco

Design gráfico e capa
Ilustrarte Design e Produção Editorial

Licenciamento de textos
Renata Garbellini

Controle de processos editoriais
Leila P. Jungstedt
Carlos Nunes
Flávia Iossi

1ª edição / 2ª impressão, 2017
Impresso na Meltingcolor Gráfica e Editora Ltda.

Av. Bertrand Russell, 801
Cidade Universitária *Zeferino Vaz*
13083-865 – Campinas –SP

Rua Conselheiro Nébias, 887 – São Paulo/SP – CEP 01203-001
Fone: (11) 3226-0211 – Fax: (11) 3222-5583
www.editoradobrasil.com.br

Sumário

Apresentação 7
Luciene Regina Paulino Tognetta
Telma Pileggi Vinha

Capítulo 1 18
POR ONDE COMEÇAR A SUPERAÇÃO
DA VIOLÊNCIA NA ESCOLA?
A implantação de um ambiente cooperativo
e o trabalho com a construção do conhecimento
Lívia Maria Silva Licciardi
Adriana de Melo Ramos

Capítulo 2 38
AMIGOS OU INIMIGOS NA ESCOLA?
A relação entre pares e o trabalho com amizade na escola
Jussara Cristina Barboza Tortella

Capítulo 3 60
A ORGANIZAÇÃO DAS REGRAS E
ASSEMBLEIAS EM SALA DE AULA:
Obedecer à autoridade ou aos princípios?
Adriana de Melo Ramos
Mariana Guimarães Wrege
Vanessa Fagionatto Vicentin

Capítulo 4 78
O PROCESSO DE RESOLUÇÃO DE CONFLITOS
ENTRE CRIANÇAS E ADOLESCENTES
Sonia Maria Pereira Vidigal
Vanessa Fagionatto Vicentin

Capítulo 5   98
VENCER O BULLYING ESCOLAR:
O desafio de quem se responsabiliza
por educar moralmente

Luciene Regina Paulino Tognetta

Capítulo 6   116
OUTROS PROCEDIMENTOS PARA EDUCAR MORALMENTE:
Como as histórias infantis e a discussão de filmes
podem ajudar na formação moral de nossos alunos?

Denise D'Aurea-Tardeli

Capítulo 7   138
DE QUEM É A TAREFA DE EDUCAR MORALMENTE?
A comunidade educativa na gerência da violência na escola

Sandra Cristina de Carvalho Dedeschi
Lívia Maria Silva Licciardi

Capítulo 8   158
ALUNOS, PROFESSORES, ESCOLA E INDISCIPLINA:
O contexto pós-moderno e as contribuições de Piaget

Silvia Parrat-Dayan

Breve histórico do Gepem –
Grupo de Estudos e Pesquisas em Educação Moral   175

Para Gabriel, Laura e Sofia,
pelo direito de vocês e de todas as crianças a uma escola
em que a convivência seja pacífica e em que a alegria
seja um hino que se cante todos os dias.

Apresentação

"A violência desses jovens não decorre de uma falta de regras, mas é sim decorrência da ausência de valores morais na formação de sua identidade."

Yves de la Taille

AGRESSÕES FÍSICAS e verbais, furtos, desobediência às normas, apelidos... Situações presentes no cotidiano das escolas e que têm angustiado a tantos educadores que já não sabem o que fazer para lidar com o problema crescente. Sim, pois se historicamente chegamos a um momento na educação atual em que quantitativamente demos conta de inserir toda criança (ou pelo menos a maior parte delas) na escola, de pensar a estrutura e o funcionamento do ensino brasileiro, ainda nos falta superar o que parece ser nosso "calcanhar de Aquiles": os problemas nas relações interpessoais entre crianças e adolescentes, entre pares ou conosco.

As pesquisas com professores não nos deixam dúvidas: o grande desafio que temos é lidar com os problemas de agressividade, de violência, de incivilidades que costumeiramente as crianças demonstram ter. Outras tantas pesquisas denotam quanto sofremos por não sabermos como lidar com esses problemas na escola e quanto desejamos a solução para um cotidiano em que "já não se dão mais aulas", como nos dizem muitos professores. A mesma queixa ouviu há algum tempo um sociólogo francês chamado François Dubet[1] ao conduzir suas pesquisas com professores de escolas públicas de Paris. As queixas de que os alunos já não "querem saber de nada" e que "se perde de vinte a trinta minutos de uma aula de cinquenta minutos para resolver os conflitos entre os alunos" estão presentes tanto aqui quanto na França... Ao se deparar com tais lamentações, Dubet deixa a cátedra da universidade e vai para a Educação Básica: passa por um ano pela experiência de ser professor e aprende uma das mais belas lições que podemos ter também para nós no Brasil. Afirma ele que seria necessário que houvesse cursos para que os professores pudessem aprender como lidar com as birras, a indisciplina, a desobediência e a agressividade de seus alunos, assim como há cursos para preparar professores para ensinar números, geografia, biologia...

A lição de Dubet nos serve de primeiro alento: não procuramos por culpados para que o processo educacional, brasileiro ou não, esteja com problemas no âmbito das relações que são estabelecidas na escola. Que formação tiveram nossos professores para tal? De fato, não se trata de culpa, mas de responsabilidade. Isso porque teimosamente muitos de nós, professores, terceirizamos aos pais, aos diretores, aos conselhos tutelares, a psicólogos ou a outras instâncias as intervenções que deveriam ocorrer no interior da escola, como se educar moralmente não fosse nossa tarefa. É, sim, nosso esse papel, ainda que acreditemos que assumimos a neutralidade dessas ações. Como nos lembraria Gorgen, "seria impossível negar que, de uma forma ou de outra, no contexto escolar das relações professor/aluno, dos livros didáticos, das avaliações, estariam sendo transmitidos ideais e imagens de homem, de mundo, de relacionamento, de normas e valores".[2]

---

[1] DUBET, F. "Quando o sociólogo quer saber o que é ser professor". *Revista Brasileira de Educação*, n°s 5 e 6, 1997, p. 222-231.

[2] GORGEN, P. *Educação e sociedade*. Campinas, vol. 28, n. 100 — Especial, out. 2007, p. 737-762.

APRESENTAÇÃO

A questão é que pouco sabemos como fazer para que uma criança possa de fato agir com autonomia e respeitar os outros porque pouco entendemos de desenvolvimento humano e dos aspectos presentes no psiquismo humano. Da mesma forma como sabemos que para construir a ideia de número uma criança precisa de estruturas de funcionamento mental que lhe permitam conservar quantidades, classificar e seriar, também será preciso saber quais são os mecanismos psicológicos que possibilitam o desenvolvimento moral de nossas crianças.

Isso porque é fato que temos a boa intenção de educar moralmente e que desejamos ardentemente que uma criança tenha valores como a generosidade, a compaixão, a justiça. Mas a intenção ainda é insuficiente, se não soubermos das ações que eficazmente podem promover a construção dessas virtudes. Como saber de tais ações? Como intervir de maneira a ajudar nossos alunos a se autorregularem para agir bem?

A primeira das respostas a essas tantas perguntas não nos parece fácil. Será preciso compreender que a moral, assim como garantiu Piaget em 1932,[3] é construída a partir de um processo de autorregulação do próprio sujeito ao se descentrar de um único ponto de vista e coordenar o seu e os dos outros, ao investir ou desejar ser visto como alguém generoso, justo, tolerante... Um processo interno, cujas oportunidades são dadas pelo meio.

Será preciso, ainda, entender que as manifestações desse cotidiano de dificuldades da escola são processos multicausados e que não podem ser vistas, todas, com um único olhar. Expliquemos melhor essa afirmação: acontece que comumente tratamos todas as dificuldades do cotidiano atribuindo o mesmo perfil e a mesma nomenclatura: como "indisciplinas". Por certo, infelizmente, está provado que estamos muito mais atentos, como professores, ao que nos atinge pessoalmente e acabamos deixando

---

[3] PIAGET, J. O juízo moral na criança. São Paulo: Summus Editorial, 1932/1994.

de lado as angústias muitas vezes vividas por nossos alunos com seus pares, como é o caso do bullying. Assim, bullying, incivilidade, indisciplina, agressividade, são fenômenos diferentes e precisam ser compreendidos em sua constituição para que possamos vencê-los. Vejamos o que cada um significa, ainda que não pretendamos nos aprofundar nessas questões.

Tendemos, como dissemos, a acreditar que as agressões entre pares, os palavrões, os rabiscos nas carteiras são todos formas de indisciplina. De fato, são manifestações contrárias a uma ordem estabelecida, mas não são, antes disso, indisciplinas. Pelo dicionário, podemos encontrar como definição para a indisciplina: "Procedimento ou ato ou dito contrário à disciplina." Disciplina: "Regime de ordem imposta ou mesmo consentida. Ordem que convém ao bom funcionamento de uma organização. Relações de subordinação do aluno ao mestre. Submissão a um regulamento"[4], que nos leva a acreditar que as ações contrárias à ordem do professor ou autoridade são chamadas por este nome. É interessante notar quando se fala de "violência na escola", as pesquisas que comumente encontramos se referem à indisciplina como o problema maior.

Por certo, toda forma de violência é uma forma de indisciplina, já que por intermédio da disciplina asseguramos a regra da convivência sem uso da força física ou verbal, mas nem toda indisciplina é violência. "Por violência podemos definir como emprego de força física ou psicológica com a intenção de ferir o outro."[5]

Dentro ainda do conceito maior que é a violência, encontra-se uma forma peculiar dela que é a violência entre pares chamada de bullying, cuja característica principal é a repetição dos atos sobre um alvo "escolhido a dedo" por um autor, na

---

[4] TOGNETTA, L. R. P. *O mapa do problema escolar: Quando a cidadania parece não ser possível*. Anais do XXII Encontro Nacional de Professores do Proepre: "Educação e cidadania." Campinas: Faculdade de Educação, Unicamp, 2005, p.109-120.

[5] MICHAUD, Y. *A violência*. Trad. L. Garcia. São Paulo: Ática, 1989.

presença de um público que reitera a condição de poder deste último sobre sua vítima.

Isso posto, é preciso pensar sobre outra confusão que normalmente se tem: trata-se como violência o que, na verdade, é incivilidade. Esta, tendo como antônimo a polidez, pode ser entendida como o contrário de um "conjunto de formalidades observadas entre si pelos cidadãos em sinal de respeito mútuo e consideração: polidez, urbanidade, delicadeza, cortesia".[6] Nosso leitor pode agora estar se indagando: por que a necessidade de conhecer esses fenômenos e defini-los? O que isso nos ajudará a superar o problema das relações interpessoais que temos na escola?

Entender as características dessas manifestações nos ajudará a pensar nas ações que podemos protagonizar como aqueles que formam moralmente. Expliquemos melhor: o fato é que, muitas vezes, tratamos com rigor e "gastamos" tempo demasiado com incivilidades que precisam ser, sim, discutidas, como o fato de se utilizar um celular na aula prejudicando os demais alunos. Gastamos tempo baixando regras, medindo as vezes que retiramos dos alunos seus aparelhos, convocando pais. Por conseguinte, como resolvemos um problema de violência entre pares, quando maltratam ou desrespeitam-se uns aos outros? Mandamos para a direção, suspendemos os infratores, expulsamos, como temos assistido a inúmeras escolas o fazerem. O que queremos dizer é que, nesses casos, se falta sensibilidade moral aos envolvidos, se falta tomar consciência do valor do outro, é preciso "gastar tempo" exatamente com essa formação.

Gastar tempo nessa formação, por sua vez, exige de nós um esforço, que é olhar para os conflitos escolares como desafios para pensar o cotidiano de nossas ações, e não intervenções

---

[6] FERREIRA, Aurélio Buarque de Holanda. *Novo Dicionário da Língua Portuguesa.* Rio de Janeiro: Nova Fronteira, 1986.

pontuais funcionando como receitas para ajudar a formar personalidades éticas.

Esta pode ser, enfim, a maior contribuição deste livro que agora apresentamos. Ele foi gestado por um grupo de pesquisadores, o Gepem[7], que estão preocupados com os desafios cotidianos da indisciplina, da violência, do bullying na escola, como enfrentamentos que precisaremos fazer para ajudar a formar pessoas melhores. Sua estrutura foi pensada exatamente para favorecer nossos leitores a compreender a necessidade da constituição de um ambiente cooperativo, cuja estrutura pretensiosamente democrática visa estabelecer um cotidiano de ações, em que meninos e meninas possam se sentir pertencentes, opinar, construir regras, pensar as soluções dos problemas, planejar conjuntamente as próprias ações.

Para iniciar nossas reflexões, Lívia Maria Silva Licciardi e Adriana de Melo Ramos, com o artigo "Por onde começar a superação da violência na escola? A implantação de um ambiente cooperativo e o trabalho com a construção do conhecimento" nos apontam a necessária inter-relação entre conhecimento e moral, entre a estrutura de um dia de aula e os desejos que temos de autonomia para nossos alunos. Elas nos lembram de que a metodologia utilizada pelo professor para educar denuncia nossa crença de como são construídos os valores morais. As autoras insistem na necessidade de repensarmos a tarefa da escola: não é, e nunca foi, o acúmulo de informações que mais cria tédio e faz com que meninos e meninas se rebelem, se inquietem e se indisciplinem. A tarefa da escola é, de fato, ajudar seus alunos a coordenarem o montante de informações que hoje recebem de todos os meios; é ajudá-los a pensar, do ponto de vista piagetiano, como uma coordenação de ações em plano mental, conjuntamente aos outros — o que de fato significaria a palavra *cooperação*.

---

[7] Grupo de Estudos e Pesquisas em Educação Moral — Unesp e Unicamp.

Por sua vez, Jussara Cristina Barboza Tortella nos lembrará sobre a necessária participação dos pares na educação moral dos alunos quando trata das amizades na escola. Intitulado "Amigos ou inimigos na escola? A relação entre pares e o trabalho com amizade na escola", o artigo assinado por Jussara nos indica que, teimosamente, acreditamos que nós somos os únicos responsáveis pela construção de valores na formação das crianças. As pesquisas que temos conduzido nos permitem concluir que valores como generosidade, compaixão, são, pois, construídos a partir da sensibilidade que as crianças experimentam nas relações com seus pares e não com os ensinamentos que podem receber dos adultos.

Assim, se as crianças educam as próprias crianças, se a autonomia que tanto queremos é possibilitada pela experiência da participação coletiva, da discussão das regras, das oportunidades de ouvir o outro, de dizer o que se pensa e chegar à necessidade da regulação da convivência, Adriana de Melo Ramos, Mariana Guimarães Wrege e Vanessa Fagionatto Vicentin, no artigo "A organização das regras e assembleias em sala de aula: Obedecer à autoridade ou aos princípios?", apresentarão exatamente esses pressupostos: da participação de crianças e adolescentes na formulação das regras e na resolução dos conflitos.

Sim, pois conflitos sempre existirão em sala de aula! E dependerá do nosso olhar enxergando-os como oportunidades de crescimento ou como perigo que poderemos intervir de maneira a contribuir para que as crianças e os adolescentes possam saber resolver seus problemas com os outros. Impossível será que os conflitos deixem de existir, pois eles são exatamente a oportunidade de aprender a se regular, como lembrarão Sonia Maria Pereira Vidigal e Vanessa Fagionatto Vicentin no artigo "O processo de resolução de conflitos entre crianças e adolescentes".

Entre os conflitos que muito nos incomodam na sala de aula, como já dissemos, há um em especial muitas vezes esquecido pelas instituições que educam: o bullying. Entender os mecanismos presentes nesse ato de humilhação a que são submetidos e que submetem os outros será necessário para poder pensar em intervenções que promovam a superação das dificuldades que as crianças têm de conviver com seus iguais. É disso que trataremos no artigo intitulado: "Vencer o bullying escolar: O desafio de quem se responsabiliza por educar moralmente" (por Luciene Regina Paulino Tognetta).

Por certo, as intervenções ao bullying e a outras formas de violência ou falta de moral que podem ser feitas no cotidiano escolar precisam ser pensadas sob dois pontos de vista: são "remédio e vacina". Expliquemos melhor esta ideia: é *remédio* porque a moral nos falta. E quando há dor e estamos doentes, nosso funcionamento orgânico precisa de ajuda para se autorregular e superar a doença que nos aflige. Da mesma forma, se, num momento de conflito, crianças e adolescentes bateram, chutaram, morderam, ofenderam, deixaram de "funcionar" como seres humanos, aos quais a própria capacidade de pensar em mais de uma possibilidade de resolver seus problemas e de regular suas emoções os diferencia de outros animais. No momento do conflito, este é resolvido com quem é de direito e está envolvido no problema. Dado o remédio, é preciso ainda uma *vacina* para prevenir ações futuras.

Neste contexto, a prevenção de ações futuras significa a criação de espaços em que as crianças possam vivenciar a experiência de se colocar na perspectiva de outros, ainda que personagens de histórias, discutir dilemas, propor soluções, falar como se sentem e constatar os sentimentos alheios, como ações que precisam estar presentes no cotidiano da escola. Infelizmente, quando foi retirada do currículo brasileiro a disciplina chamada "Moral e Cívica", perdeu-se um espaço rico para que tais experiências fossem sistematizadas. Não estamos defendendo a tese de que tal disciplina, da forma como era oferecida, deveria estar presente em nosso currículo, uma vez que foi extinguida por justamente não contribuir para com a formação da democracia.

Estamos apenas afirmando a necessidade de que haja espaços para que a sistematização do trabalho com os valores morais aconteça. Quem fundamenta tal discussão é Denise D'Aurea--Tardeli no artigo intitulado "Outros procedimentos para educar moralmente: Como as histórias infantis e a discussão de filmes podem ajudar na formação moral de nossos alunos?".

Pensar a tarefa de educar moralmente nos remete à compreensão de todos os espaços que abarcam tal formação: escola e família são parceiras nesta tarefa. Na verdade, o que é preciso pensar é que a formação moral de nossas crianças é tarefa de toda a comunidade educativa e que a parceria escola família pode e deve funcionar, mas longe de ser uma transferência de responsabilidades.

Sandra Cristina de Carvalho Dedeschi e Lívia Maria Silva Licciardi tratarão exatamente dessa parceria fundada pela relação entre escola e família no artigo "De quem é a tarefa de educar moralmente? A comunidade educativa na gerência da violência na escola".

Para contextualizar as reflexões que fizemos até aqui no mundo contemporâneo, o artigo "Alunos, professores, escola e indisciplina: O contexto pós-moderno e as contribuições de Piaget", assinado pela professora Silvia Parrat-Dayan, traz--nos uma contribuição ímpar de alguém que tem pensado o fenômeno da indisciplina, nome costumeiramente atribuído aos problemas de relacionamento na escola, no contexto pós--moderno em que vivemos, mas, ainda assim, à luz do que diria Piaget há praticamente cinquenta anos.

Enfim, contou-nos um jornalista nosso amigo que, sem nenhuma pretensão acadêmica, visitando algumas escolas, ele perguntava a professores, alunos, pais e diretores se naquela instituição existiam casos de bullying. Relata-nos nosso amigo que a resposta dada por esses personagens é, no mínimo, interessante: entre pais, alunos e professores, todos concordavam ser alto o número de casos de bullying nas escolas visitadas, porém, os números apresentavam uma diminuição significativa em cada grupo de entrevistados: os alunos indicavam que havia muitos casos, os pais afirmavam haver alguns casos, os professores apontavam poucos e, finalmente, os diretores afirmavam haver praticamente nenhum caso de bullying na escola que dirigiam. "Quem está mentindo?", perguntou-nos o jornalista. A resposta a ele e a todos nós é essa: ninguém. O fato é que, infelizmente, a tarefa de educar moralmente tem sido uma tarefa ilhada, muitas vezes solitária, tanto de pais como de professores. O que explica tal diferença nas respostas é que diretores, ainda que sejam também educadores, estão impregnados na burocracia administrativa da escola e não sabem o que acontece na instituição.

Nossas observações no grupo de estudo do qual fazemos parte têm nos mostrado que as experiências bem-sucedidas em termos de educação moral são possíveis somente quando há uma gestão escolar comprometida, tanto com a formação de seus docentes quanto no cotidiano de sua comunidade. Nosso trabalho visa justamente a contribuir para a explicitação dessa ideia.

Em uma palavra, o "mapa" que temos desse panorama de estudos que agora apresentamos pode ser sistematizado no esquema que introduz este livro, para que nosso leitor visualize melhor um plano que pensamos para educar moralmente e superar os problemas nas relações interpessoais que assolam a escola. Cada uma das ações destacadas para se formar uma personalidade ética será retomada nos artigos que compõem esse conjunto de reflexões.

Desejamos, finalmente, que as discussões, pesquisas e propostas trazidas neste livro possam se juntar aos esforços de muitos professores que ainda acreditam na tarefa de humanizar os que ainda não sabem agir como humanos. Sensibilizar-se à necessidade de transformar as relações na escola é, com certeza, um primeiro passo para fazer dessa instituição um espaço de aprendizagem de valores morais.

Luciene Regina Paulino Tognetta
Telma Pileggi Vinha

O MAPA DO PROBLEMA ESCOLAR

- **Bullying**
- **INCIVILIDADE**
- **INDISCIPLINA**
- **VIOLÊNCIA**

ELEMENTO COMUM: DESRESPEITO A SI E AO OUTRO. FALTA, PORTANTO,

ÉTICA:
Busca por uma vida boa com e para o outro em instituições justas.

Paul Ricoeur

Como contribuir para a formação de uma *personalidade ética*?

Ambiente cooperativo
Relações de confiança e conhecimento como construção

Gestão dos conflitos pela comunidade educativa
Parceria escola-família

Procedimentos de educação moral
Aprendizagem de valores em atividades sistemáticas

Superação do bullying
Construção do autorrespeito e do respeito ao outro pela sensibilidade moral

Relações de amizade
A necessidade de se ter e de fazer amigos na escola

Intervenções nos conflitos
Tomada de consciência e expressão de sentimentos

Participação dos pares
Regras que partem de princípios e assembleias escolares

Relação com autoridade – disciplina
Vencer a obediência cega e construir conjuntamente a convivência

Capítulo 1

Autonomia é um poder que não se conquista senão de dentro e que não se exerce senão no seio da cooperação.

Jean Piaget

Ambiente cooperativo
Relações de confiança
e conhecimento
como construção

POR ONDE COMEÇAR A SUPERAÇÃO DA VIOLÊNCIA NA ESCOLA?

A implantação de um ambiente cooperativo e
o trabalho com a construção do conhecimento

LÍVIA MARIA SILVA LICCIARDI
ADRIANA DE MELO RAMOS

FREQUENTEMENTE, QUANDO ministramos cursos de formação para os professores, escutamos a seguinte afirmação: "Nossa!! Essa atividade é muito boa!! Mas não dá para fazer com a minha classe deste ano! Este ano, sempre que tento propor um trabalho em grupo, a classe fica uma bagunça só! Eles brigam, se xingam, e não conseguem fazer o que queremos que façam." Respondemos a esses professores também com algumas perguntas: "E como se aprende a trabalhar em grupo? Quando esses alunos terão a oportunidade de aprender a defender seu ponto de vista, escutar uma ideia diferente da própria de forma respeitosa, e conseguir chegar a um acordo sem usar a violência?"

Ainda que com a descrença de que seja possível um trabalho diferenciado com o conhecimento e mesmo com as questões morais, outro exemplo parece nos dizer o contrário: conhecemos outro dia uma professora que, mesmo estando quase para se aposentar em uma rede pública, nos relatou o

seguinte: "Puxa! Eu passei o mês inteiro pensando no que discutimos no último encontro, quando eu havia afirmado que com essa minha turma não dava para usar jogos nas aulas de Matemática porque eles não sabiam trabalhar em grupo, e depois de muito refletir descobri que preciso ser mais tolerante com o barulho e promover mais atividades desse tipo. Se os alunos chegaram ao 5º ano e não sabem conviver com seus pares, é, sim, minha obrigação ajudá-los a sair dessa condição."
É sobre essa possibilidade de intervenção que é nossa responsabilidade, como professores, que refletiremos neste artigo. O segundo relato tem muito a nos dizer: só se aprende a trabalhar em grupo, trabalhando em grupo! Só se aprende a respeitar, sendo respeitado! E para que possamos defender essa ideia, trataremos de um tema fundamental: a construção de um ambiente sociomoral mais cooperativo na escola.

O QUE É COOPERAÇÃO E SUA IMPORTÂNCIA
PARA O DESENVOLVIMENTO DA AUTONOMIA

Tem sido frequente o debate sobre se cabe à escola educar moralmente os alunos. Diversos autores defendem que a neutralidade é impossível porque os valores são transmitidos de muitas maneiras: por meio dos conteúdos trabalhados, das metodologias empregadas, da avaliação, da resolução de conflitos, dos regimentos escolares, dos conteúdos das críticas e elogios emitidos pelos educadores, das relações interpessoais entre docentes e discentes, só para citar algumas. Assim, ainda que a formação moral não seja o objetivo dessa instituição, ela influenciará no desenvolvimento dos seus alunos. Contudo, esta educação pode se orientar para o favorecimento da construção da personalidade ética ou não. Todas as pessoas, ao se encontrarem em situações conflituosas, agem seguindo valores que podem ser morais (como responsabilizar-se por um dano, ser justo) ou não morais (como a beleza, o sucesso financeiro, a popularidade). Um sujeito ético é aquele para quem os valores morais correspondem a um ideal de felicidade, de modo que esse indivíduo experimenta um sentimento de satisfação toda vez que cumpre com seu dever.

Pautados na teoria piagetiana, sabemos que alcançar tão nobre fim é uma tarefa difícil que envolve o sujeito na sua relação com o meio. Ressaltemos que o processo não depende nem só do sujeito, nem só do meio. A chave da questão está na *interação*. A escola é um local privilegiado porque é por si só um espaço de convivência. Desse modo, podemos nos questionar: Quaisquer *interações* contribuem para o desenvolvimento moral de nossos alunos?

Diversas pesquisas (BAGAT, 1986; ARAÚJO, 1993; DEVRIES e ZAN, 1995; VINHA, 2000, 2003; TOGNETTA, 2003) visaram responder a essa inquietante indagação e concluíram que um ambiente cooperativo favorece o desenvolvimento moral, bem como a construção de estratégias mais justas e cooperativas na resolução de conflitos. Mas o que é exatamente este ambiente? Para melhor compreendermos suas características, é necessário, antes, a exposição de um conceito bastante importante e nem sempre compreendido, elaborado por Piaget — a cooperação. Em nosso dia a dia utilizamos essa palavra para designar situações em que as pessoas se ajudam, são solidárias ou mesmo quando acatam passivamente uma ideia por não querer o enfrentamento. Entretanto, cooperação é algo mais complexo: trata-se de uma troca de ideias com o intuito de se obter a concordância entre as partes. Para isso é necessário que os sujeitos consigam coordenar perspectivas, isto é, compreender o ponto de vista do outro e articular com o seu. Como se pode perceber, muitas vezes, para se chegar a um acordo, é necessário árduo engajamento e negociação dos envolvidos. Segundo Piaget (1932/1977; 1998; 1965/1973), essas relações de cooperação são de extrema importância tanto para o desenvolvimento cognitivo quanto para o desenvolvimento moral.

Por que a cooperação favorece a construção da lógica? Vejamos, em primeiro lugar, como a cooperação participa da construção das estruturas de pensamento, para depois refletirmos sobre como esse tipo de interação social influencia no desenvolvimento da noção de justiça e solidariedade.

Ao buscarem um acordo, os indivíduos devem defender seu ponto de vista, sem cair em contradições, mas quando isso ocorre, a outra parte aponta os equívocos, as lacunas, os elementos não considerados, contribuindo para que o pensamento seja reformulado. Além disso, ao tentar compreender a perspectiva alheia, os sujeitos fazem um esforço de descentração, fato que também contribui para a construção de novos esquemas de pensamento. É a crítica mútua. Ainda de acordo com Piaget (1998), essas relações de cooperação permitem que a criança pré-operatória[1] desenvolva progressivamente a objetividade, ou seja, o discernimento entre fato e opinião, estabelecendo uma diferença entre aquilo que pensa e o que de fato é a realidade. O sujeito que ainda não desenvolveu suas estruturas lógicas, com frequência confunde seus desejos com a verdade objetiva.

---

[1] No estágio pré-operatório, o pensamento da criança é intuitivo, pré-lógico, ou, ainda, carente de reversibilidade. Ela não consegue se descentrar de um único ponto de vista e não consegue coordenar mais de uma possibilidade de ação ao mesmo tempo. Por isso ela é considerada pré-operatória, embora suas ações sejam em plano mental.

Explanamos a respeito das contribuições da cooperação para o pensamento, mas ainda falta esclarecermos como esse tipo de relação interfere no aperfeiçoamento da ideia de justiça e no sentimento de solidariedade. Ao se engajarem em situações de jogos, ou mesmo quando realizam uma atividade em grupo, naturalmente as crianças e os jovens elaboram regras que regulam os comportamentos, de modo a assegurar a igualdade. Muitas vezes, essas normas falham no seu objetivo e eles precisam revê-las.

Certa vez, ao acompanharmos o intervalo dos alunos, presenciamos uma intensa discussão na quadra de futebol a respeito de uma regra que alguns deles gostariam de modificar. Parte das crianças defendia a ideia de que toda a quadra deveria se constituir na área do jogo, excluindo, assim, a possibilidade da "bola fora". O argumento apresentado era o de que eles perdiam muito tempo e que o recreio era curto para isso. Outros alunos, a princípio, discordaram da mudança porque o jogo ficaria menos emocionante, e que se "*não houvesse tanto perna de pau*" a bola não sairia sempre da área permitida. A discussão ficou acalorada, os ânimos se exaltaram, mas eles decidiram acatar a sugestão da mudança da regra, até que se tornassem mais habilidosos. A cooperação estava presente, pois houve debate, reformulação de pontos de vista e acordo.

Todo esse movimento permite que os alunos percebam a necessidade de normas para assegurar a justiça nas relações. Além disso, ao se relacionarem, têm condições de conhecer seus pares, desenvolver o sentimento de simpatia, de se solidarizar com as necessidades alheias. Só a convivência entre iguais possibilita isso, pois favorece a ideia de reciprocidade. "Respeito, mas exijo ser respeitado." Este sentimento é mais complexo que aquele experimentado pela criança quando em interação com o adulto significativo, o respeito unilateral, que é um misto de amor e temor. Nas relações de respeito unilateral, as trocas entre os indivíduos não são tão equilibradas, porque aquele que está numa posição hierárquica superior, no caso, o adulto, não é visto, pela criança, como obrigado a agir reciprocamente perante suas afirmações.

Em síntese, Piaget explica que há duas formas de socialização dos homens: a primeira exercida pelos adultos em relação às crianças, pelo respeito unilateral. Ele é necessário, porém tem a forte limitação de dificultar a construção da autonomia, uma vez que, na relação com a autoridade, as trocas de ideias são menos equilibradas, não há crítica mútua e, frequentemente, a criança vê como correto tudo o que provém do adulto, sem passar por um exame inicial. A segunda é pelo respeito mútuo, na qual a cooperação é possível e, consequentemente, há o favorecimento da autonomia intelectual e moral.

Ressaltamos que por mais que o educador seja democrático e favoreça o diálogo, o aluno nunca o verá como igual, por isso não se deve abrir mão de propiciar as relações entre iguais na escola, por meio de atividades em grupos, jogos, discussões coletivas, pesquisas, análises e discussões de situações problemáticas, entre outros procedimentos.

Compreendido o conceito de cooperação e sua importância para o desenvolvimento, podemos esclarecer do que se trata um ambiente sociomoral cooperativo. Segundo De Vries e Zan (1998), um ambiente sociomoral é toda rede de relações interpessoais que forma a experiência social do sujeito. Essa experiência inclui o relacionamento do sujeito com os pais, irmãos, amigos, professores, com os estudos, com as regras etc. Já o ambiente sociomoral cooperativo é aquele em que as relações de cooperação são privilegiadas e que a moralidade é não só trabalhada de maneira sistemática, como também vivenciada.

Considerando que é a ação que faz a mediação entre o conhecimento e o meio, então os valores morais só poderão ser construídos se os alunos tiverem a oportunidade de experimentar situações em que a justiça, o respeito, a solidariedade e o diálogo estão presentes. Partindo, então, do pressuposto de que a interação é um princípio construtivista e que ética não pode ser ensinada por meio de verbalismos e lições de moral, discutiremos como a escola pode proporcionar esse ambiente sociomoral cooperativo, apresentando algumas de suas características principais no próximo tópico.

A CONSTRUÇÃO DE UM AMBIENTE SOCIOMORAL COOPERATIVO

Como princípio geral, destacamos que em um ambiente sociomoral cooperativo o sujeito é ativo no processo de construção do conhecimento, bem como da moralidade. Para isso, é necessário que a escola planeje suas ações de modo a contemplar o respeito a esses princípios e fique atenta ao fato de que em todas as relações as regras, os princípios e os valores estão sendo transmitidos. Assim, na construção do ambiente sociomoral cooperativo, é preciso considerar:
1. Se o tipo de gestão escolar favorece e permite a participação de toda a comunidade escolar no levantamento dos problemas, na tomada de decisões, na elaboração dos planos de ação, bem como acompanhamento e avaliação das atividades desenvolvidas. Há vários mecanismos pelos quais a democracia pode ser exercida na instituição: Associação

de Pais e Mestres, Conselhos Escolares, Grêmio Estudantil, elaboração do Projeto Político Pedagógico, entre outros.

2. A qualidade das relações interpessoais, percebida pela linguagem, pelos vínculos de confiança, como os conflitos são resolvidos pelos alunos e professores, ao processo de elaboração das regras, ao tipo de regras valorizadas pela escola e seu processo de legitimação.

3. Se há espaços na grade curricular para o trabalho com os diversos procedimentos de educação moral e um professor/ orientador (previamente preparado teoricamente) que ministre essas aulas. Tais espaços são necessários para que se tenha efetivamente um trabalho com algo que também é conteúdo da escola: a aprendizagem de valores. Não se trata de implantar na escola uma disciplina como a antiga Educação Moral e Cívica, onde se ensinava a agir civicamente por moralismos. Trata-se, sim, de um espaço em que crianças e adolescentes podem se colocar no lugar de personagens de dilemas hipotéticos e reais que precisam decidir sobre questões de amizade, honestidade, justiça, discutindo então a partir de histórias da literatura infantil, de filmes ou de dilemas (DIAZ-AGUADO e MEDRANO, 1999; MORENO; SASTRE, 2002; PUIG, 2000, 2004; TOGNETTA e VINHA, 2007, 2008; VINHA, 2003; DELVAL, 2007; TARDELI, 2007; VICENTIN, 2009). São espaços também para se autoconhecer. Há muitas atividades já pensadas para esse fim (TOGNETTA, 2003; 2009) e que podem ajudar as crianças e os adolescentes a terem oportunidades de saber o que gostam, do que não gostam, o que sentem quando estão em situações problemáticas com os outros. Outra prática importante que se constitui como uma necessária ferramenta a quem deseja democratizar as relações são as assembleias

escolares (TOGNETTA e VINHA, 2008). São momentos em que alunos e professores podem trocar perspectivas, e por meio do diálogo resolver conflitos reais e organizar as regras que podem regular a convivência entre todos.

4. Se os educadores concebem o conhecimento (curricular, de valores, de regras) como algo que é construído e reelaborado pelo sujeito na interação com o meio. Assim, as atividades devem ser desafiadoras e provocar o interesse do aluno, bem como as interações entre os discentes devem não só ser permitidas, como também cuidadosamente planejadas. É sobre esse aspecto do ambiente cooperativo que pretendemos abordar com um pouco mais de profundidade neste capítulo, sem a pretensão de esgotá-lo.

O TRABALHO COM O CONHECIMENTO EM UM AMBIENTE COOPERATIVO

O modo como o conhecimento é tratado na escola pode favorecer o desenvolvimento das estruturas cognitivas, ou da lógica. Isso é importante porque, entre outras coisas, o comportamento moral depende também da razão, pois é ela que avalia a situação, hierarquiza valores, antecipa consequências, elabora procedimentos de ação. Para agir, por exemplo, com justiça, é preciso um pensamento recíproco, capaz de coordenar variáveis, pesando possíveis diferenças e coordenando-as em uma ação efetiva.

O educador que deseja propiciar um ambiente sociomoral promotor da construção da autonomia precisa estar disposto a rever o trabalho com conhecimento. A relação ensino/aprendizagem é de suma importância na construção desse ambiente.

Em nossas pesquisas, inúmeras vezes encontramos situações de indisciplina e de recusa por parte dos alunos, comportamentos esses que pudemos observar em aulas que não consideravam aspectos fundamentais para o desenvolvimento da autonomia cognitiva ou seja, aulas que não permitiam a investigação e o estabelecimento de relações, que não consideravam os conhecimentos prévios dos alunos e os conteúdos eram transmitidos como verdades absolutas. Outro aspecto constatado era a falta de interesse dos alunos relacionada à quantidade de tempo gasto com atividades inócuas, como: cópias (da lousa, de enunciados e de textos de livros didáticos), exercícios exaustivos de repetição, aulas demasiadamente expositivas, sem desafios, além da organização dos alunos, a maioria das vezes, de forma individual, sem a possibilidade de trocas de pontos de vista e de conhecimentos entre si, em uma relação de respeito unilateral, que não colabora com o desenvolvimento da reciprocidade e da cooperação.

As atividades em grupo devem ser rotineiras e bem-planejadas, de modo a favorecer trocas mais equilibradas de pensamento.

As aulas devem ser organizadas de modo a permitir que o aluno sinta-se desafiado, querendo investigar, reinventar ou descobrir algo; devem estimular a ação do sujeito sobre o objeto e propiciar o estabelecimento de relações, a coordenação de variáveis, a análise de problemas e a promoção do diálogo, do debate. Piaget (1999, p. 181), ao defender que a educação deve ter por objetivo a liberdade, compreendida como autonomia, conclui: "É preciso ensinar os alunos a pensar, e é impossível aprender a pensar num regime autoritário. Pensar é procurar por si próprio, é criticar livremente e é demonstrar de forma autônoma."

Coerentes com essa perspectiva, as avaliações devem ter como objetivo a tomada de consciência do aluno. Para tanto, não podem ser apenas pontuais, mas, sim, ocorrerem ao longo do processo, como possibilidade de retomada dos conceitos, dos procedimentos e das atitudes como objeto de reflexão, tanto do professor como do aluno. O comportamento indisciplinado está diretamente relacionado a uma série de aspectos associados à ineficiência da prática pedagógica desenvolvida. Assim, é necessário um trabalho de incessante indagação, tendo como inspiração o processo de investigação científica, incompatível com um comportamento estático, calado, obediente, ou seja, o trabalho com o conhecimento, pelo contrário, implica a inquietação, o desconcerto. O esforço educacional passa a ser não só a transmissão ou mediação das informações acumuladas naquele campo, mas a (re)invenção do próprio modo de angariá-las. A metodologia em classe implica participação, desenvolvimento e criatividade, pois considera que este é, naturalmente, o segredo de toda boa pedagogia.

Ao trabalhar com os conteúdos curriculares, frequentemente os professores necessitam oferecer um *feedback* das atividades realizadas pelos alunos. É um equívoco bastante comum as pessoas considerarem que numa pedagogia pautada por princípios construtivistas não se devam corrigir os erros dos alunos. A questão é como se faz isso, e a linguagem empregada pelo educador pode ser um elemento que favoreça a tomada de consciência e a reelaboração do conhecimento pelo aluno. Se o docente aponta as falhas diretamente, ele não favorece a reconstrução do saber. Além disso, muitas vezes a linguagem do professor refere-se à personalidade, julgando e expondo o discente perante a classe. Considere-se o seguinte exemplo:

JP é um aluno do 9º ano e ele não tem muita habilidade para produção de texto. Um dia, na aula de Língua Portuguesa, os alunos tiveram de escrever uma dissertação. Assim que terminou, JP aproximou-se da professora e lhe entregou o texto. Ela lhe disse:
— Só isso? — referindo-se à meia página escrita pelo aluno.
Em seguida, a professora pega o texto de outra aluna e prossegue com o diálogo:
— Está vendo?! Isso, sim, é um texto de verdade! — mostrando o texto da outra aluna com duas páginas escritas.
JP dirigiu-se à colega, autora do texto elogiado pela professora, apertou sua mão e disse:
— Parabéns! Você é boa, hein?!

Nessa situação, a professora, além de emitir um julgamento de valor com relação à produção do aluno, comparou-o com uma colega, incentivando um clima de competição e hostilidade em sala de aula. A intervenção docente poderia ter levado o aluno a reler seu texto e verificar se ele havia atendido às solicitações da tarefa, se as ideias foram bem exploradas, se não havia erros ortográficos e gramaticais. A energia despendida pelo aluno foi a de se "defender", por meio da ironia, diante da situação vexatória a que foi exposto.

Desse modo, a linguagem utilizada pelo professor pode interferir positiva ou negativamente na construção da autonomia. Há dois tipos de linguagem: a valorativa e a descritiva. No primeiro caso, o educador dirige-se ao seu interlocutor emitindo um juízo de valor ou fazendo referência à personalidade do indivíduo. Por exemplo: "Que letra horrível!" ou "Só podia ser você mesmo, tão distraído!", "Parabéns! Seu caderno é lindo!".

O problema deste tipo de mensagem é que ela é acusatória, rotula, fere, humilha, expõe. Se o adulto emite um veredito, a única coisa que resta ao aluno é se defender e o problema passa para segundo plano. A situação exposta anteriormente, o caso de JP, é um exemplo de linguagem valorativa. O outro tipo de mensagem, denominada descritiva, é aquela em que o emissor se refere aos fatos, sem julgar o modo de ser da criança ou do adolescente. O adulto pode dizer a um aluno que não está participando das atividades em grupo: "Estou observando que Fábio está separando alguns materiais de leitura, João Pedro está resumindo um outro texto, e Gabriel — o que você decidiu fazer para ajudar o grupo?" Além de ser uma linguagem mais respeitosa, ela favorece aquele que ouve chegar às suas próprias conclusões sobre o problema a ser resolvido, por isso se trata de um tipo de comunicação coerente com a construção da autonomia. Este tipo de linguagem acolhe, respeita e encoraja os alunos a expressarem o que sentem, facilitando a tomada e coordenação de perspectivas, bem como a resolução de conflitos, e é outro aspecto que deve ser considerado em um ambiente cooperativo.

Contudo, um trabalho adequado com o conhecimento, por si só, não é suficiente para a formação de personalidades éticas. A qualidade do ambiente e das relações interpessoais é de extrema importância. Isso implica a necessidade de outros procedimentos, já citados no início do capítulo, que auxiliem os alunos a coordenarem perspectivas, a se conhecerem e conhecerem os outros, a se sensibilizarem com os sentimentos alheios, a tomarem consciência dos próprios valores e a hierarquizá-los.

É importante enfatizar que nenhum procedimento tomado isoladamente tem o poder de promover a autonomia moral, por isso compreendemos o ambiente cooperativo como um conjunto de características cujo princípio norteador é o favorecimento das relações de cooperação e a minimização do autoritarismo adulto.

CONSIDERAÇÕES FINAIS

Em síntese, um ambiente sociomoral cooperativo é aquele que tem por objetivo o desenvolvimento da autonomia intelectual e moral. Isso significa que o trabalho com o conteúdo tem o compromisso de favorecer o desenvolvimento das estruturas intelectuais e a formação da personalidade ética, isto é, da integração dos valores morais à identidade do indivíduo. Este é um árduo e longo processo que envolve o desenvolvimento da inteligência, da afetividade, das noções de regra e justiça. Um dos fatores que interferem nessa construção é o ambiente sociomoral em que o sujeito está inserido, portanto a escola é uma instituição que deveria preocupar-se seriamente com esta questão.

Esse ambiente deve proporcionar continuamente condições que engendrem as relações de cooperação, tais como: favorecer a quantidade e a qualidade da interação social; minimizar o autoritarismo do adulto, evitando pressões e coerções, assim como o uso de recompensas e punições; incentivar os alunos a fazerem por si mesmos tudo aquilo que já são capazes, tendo oportunidades de realizar escolhas, tomar decisões, resolver seus problemas e expressar-se livremente; empregar uma linguagem construtiva; conceber o conhecimento como algo a ser investigado, reinventado ou descoberto pelo sujeito e não transmitido como verdade absoluta; estimular a ação sobre o objeto do conhecimento, assim como o estabelecimento de relações, criando a oportunidade de discussões e reflexões sobre situações-problema. Além disso, trabalhar a expressão dos sentimentos e a resolução dos conflitos interpessoais por meio do diálogo; quando necessário, para revalidar as normas e os princípios, utilizar as sanções por reciprocidade; vivenciar a democracia construindo regras e discutindo problemas por meio das assembleias, e também nas situações em que os valores e as normas podem ser apropriados racionalmente.

Para a promoção de relações mais justas, respeitosas e solidárias é necessário tomar consciência de que a ética está presente nas mais diversas dimensões da escola, tais como: na relação da equipe de especialistas com os integrantes da instituição e também no trabalho docente, ou seja, no posicionamento, nos juízos emitidos, na qualidade das relações que são estabelecidas, nas concepções e intervenções diante da indisciplina, do bullying, e de outras formas de conflitos; no tipo, quantidade, conteúdo, forma de elaboração e legitimação das regras; na maneira pela qual o conhecimento é concebido, trabalhado e avaliado; na relação e nas ações com a comunidade. Sabendo da importância de vivenciar a moral, refletir, discutir e analisar as atitudes, além de trabalhar conteúdos éticos de forma transversal e por projetos interdisciplinares, faz-se também necessário que os alunos (e adultos) tenham experiências vividas efetivamente com os valores morais, propiciando uma atmosfera sociomoral cooperativa no contexto educativo.

É preciso, ainda, oferecer sistematicamente oportunidades para que a construção de valores morais aconteça, como um objeto do conhecimento que depende da tomada de consciência e, portanto, de momentos em que se possa pensar sobre o tema. Isso porque deseja-se que os alunos ajam moralmente, mas não se abrem espaços para que haja a reflexão sobre as ações, sobre os princípios e as normas, sobre os valores e sentimentos que nos movem.

Portanto, considerando que a transmissão direta de conhecimentos é pouco eficaz para fazer com que os valores morais tornem-se centrais na personalidade, para a vivência democrática e cooperativa e para resolver problemas que requerem o desenvolvimento das dimensões cognitivas e afetivas, assim como de habilidades interpessoais, é preciso oferecer, nas instituições educativas, oportunidades frequentes para a realização de propostas de atividades sistematizadas que trabalhem os procedimentos da educação moral, tais como: assembleias, discussão de dilemas, narrativas morais etc. São procedimentos que favorecem a apropriação racional das normas e dos valores, o autoconhecimento e o conhecimento do outro, a identificação e expressão dos sentimentos, a aprendizagem de formas mais justas e eficazes de resolver conflitos e, consequentemente, o desenvolvimento da autonomia.

Enfim, a educação de nossas crianças e nossos adolescentes é, para nós, um grande desafio quando pensamos na qualidade das intervenções que são necessárias para que se chegue à construção da autonomia, um objetivo sempre presente nos planejamentos da escola. Proporcionar que tal qualidade seja ancorada na constituição de um ambiente que favoreça esse desenvolvimento, é de fato uma grande conquista para quem educa e quem será educado.

SOBRE AS AUTORAS

LÍVIA MARIA SILVA LICCIARDI é doutoranda no PPG da Faculdade de Educação da Universidade de Campinas, professora do curso de Pedagogia da

USF e da pós-graduação As relações interpessoais na escola e a construção da autonomia moral, da Unifran.

ADRIANA DE MELO RAMOS é doutoranda no PPG da Faculdade de Educação da Universidade de Campinas, professora e coordenadora do curso de pós-graduação As relações interpessoais na escola e a construção da autonomia moral, da Unifran.

REFERÊNCIAS

ARAÚJO, U. F. Um estudo da relação entre o ambiente cooperativo e o julgamento moral na criança. Dissertação de Mestrado, Faculdade de Educação, Universidade Estadual de Campinas, Campinas, 1993.

BAGAT, M. P. "Annotazzioni e reflessioni sullautonomia morale". Attualità in Psicologia, vol. 1, n. 2, 1996, p. 49-56.

BRASIL. "Parâmetros Curriculares Nacionais: Terceiro e quarto ciclos: Apresentação dos temas transversais. Brasília: MEC/SEF, 1988. Disponível em: <http://portal.mec.gov.br/seb/arquivos/pdf/livro082.pdf>. Acesso em: 24 maio 2009.

DELVAL. J. A escola possível: Democracia, participação e autonomia escolar. Campinas: Mercado de Letras, 2007.

DEVRIES, R.; ZAN, B. "Creating a constructivist classroom atmosphere." Revista Young Children, nov., 1995, p.4-13.

_____. "O conflito e sua resolução." In: A ética na educação infantil — O ambiente sociomoral na escola. Tradução de Dayse Batista. Porto Alegre: Artes Médicas, 1998. Título original: Moral Classrooms, Moral Children.

DIAZ-AGUADO, M. J.; MEDRANO, C. Construção moral e educação — Uma aproximação construtivista para trabalhar os conteúdos transversais. Bauru: Edusc, 1999.

MORENO, M.; SASTRE, G. Resolução de conflitos e aprendizagem emocional. São Paulo: Moderna, 2002.

PIAGET, J. O julgamento moral na criança. São Paulo: Mestre Jou, 1932/1977.

_____. Estudos sociológicos. Rio de Janeiro: Forense, 1965/1973.

_____. "Observações psicológicas sobre o self-government." In: PARRAT, Silvia; TRYPHON, Anastasia (org.). Jean Piaget — Sobre a Pedagogia: Textos inéditos. São Paulo: Casa do Psicólogo, 1998.

_____. "A educação da liberdade." In: MANTOVANI DE ASSIS, O.; ASSIS, M.C. PROEPRE: Fundamentos teóricos. Campinas: Unicamp-FE-LPG, 1999, p. 181-186.

PUIG, J. *Democracia e participação escolar*. São Paulo: Moderna, 2000.

_____. *Práticas morais: Uma abordagem sociocultural da educação moral*. São Paulo: Moderna, 2004.

TARDELI, D. A. *O herói na sala de aula: "Práticas morais" para a utilização de filmes pelo professor de ensino fundamental e médio*. Santos: Editora Universitária Leopoldianum, 2007.

TOGNETTA, L. R. P. *A construção da solidariedade e a educação do sentimento na escola: Uma proposta de trabalho com as virtudes numa visão construtivista*. Campinas: Mercado de Letras, 2003.

_____. *A formação da personalidade ética: Estratégias de trabalho com a afetividade na escola*. Campinas: Mercado de Letras, 2009.

TOGNETTA, L. P.; VINHA, T. P. *Quando a escola é democrática — Um olhar sobre a prática das regras e assembleias na escola*. Campinas: Mercado de Letras, 2007.

_____. "Estamos em conflito: Eu, Comigo e com Você! Uma reflexão sobre o bullying e suas causas afetivas." In: CUNHA, J. L.; DANI, L. S. C. (org.). *Escola, conflitos e violência*. Santa Maria: UFSM, 2008, p. 199-246.

VICENTIN, V. *E quando chega a adolescência — Uma reflexão sobre o papel do educador na resolução de conflitos entre adolescentes*. Campinas: Mercado de Letras, 2009.

VINHA, T. P. *O educador e a moralidade infantil numa visão construtivista*. Campinas: Mercado de Letras, 2000, Fapesp.

_____. *Os conflitos interpessoais na relação educativa*. Tese de Doutorado, Faculdade de Educação da Universidade Estadual de Campinas, Campinas, 2003.

Capítulo 2

Pois sem amigos, ninguém escolheria viver, apesar de todos os outros bens.

Aristóteles

Relações de amizade
A necessidade de se ter e de fazer amigos na escola

AMIGOS OU INIMIGOS NA ESCOLA?

A relação entre pares e o trabalho com amizade na escola

JUSSARA CRISTINA BARBOZA TORTELLA

ESTUDAR O tema amizade foi para mim um desafio e também uma grande jornada a ser percorrida. A partir de leituras sobre sentimentos e sua influência na escola, deparei com esse apaixonante e intrigante tema.

Num primeiro momento, refletindo sobre sua importância e relevância, pareceu-me que, embora significativo, talvez não se constituísse num bom tema de pesquisa e algo relevante para o trabalho docente. Parecia-me que a construção desse conceito se dá de forma tão natural que pouco teria para ser pesquisado ou trabalhado em sala de aula.

Buscando em minha própria prática pedagógica, primeiramente como professora de Educação Infantil e depois como professora na formação inicial e continuada de educadores, comecei a indagar-me em quais momentos de sala de aula havia espaço de vivência da amizade.

Você, educador, já chegou a refletir sobre esta questão? Foi nesse momento que comecei, como docente, a perguntar para crianças e adolescentes do que mais gostavam na escola. Que gratificante, e ao mesmo tempo triste, saber que o motivo pelo qual os alunos gostavam de ir à escola era o prazer de estar com os amigos, sendo que o espaço, e quase sempre o único mais relevante para a troca, é o pátio escolar, a hora do recreio.

A cada livro que lia, a cada artigo que analisava sobre as pesquisas que enfocavam a amizade, mais prazer sentia e mais curiosa ficava. O estudo sobre interação entre pares não é recente. Você sabia que o auge desses estudos foi em 1930? As pesquisas clássicas dessa década se tornaram a base teórica de muitos estudos atuais, e, provavelmente, você, sem ter consciência, utiliza alguns procedimentos provenientes desses estudos. Por questões históricas, principalmente a guerra, a pesquisa sobre a interação entre pares deixou de ser prioridade, e na década de 1970 novos estudos começam a se delinear (RENSHAW, 1981).

O levantamento bibliográfico demonstra que, atualmente, muitos estudos específicos sobre os relacionamentos interpessoais (amorosos, familiares e amistosos) são realizados principalmente por cientistas europeus e norte-americanos. No Brasil, temos alguns pesquisadores que se destacam na área de pesquisa sobre a amizade (GARCIA, 2005a; 2005b; 2008; SOUZA, 2006; 2007a; 2007b). Vemos alguns avanços teóricos na área, mas há ainda a necessidade de ampliar as investigações em países em desenvolvimento, necessitando da realização de estudos comparativos e da compreensão da influência das transformações sociais, culturais, políticas e econômicas para as relações de amizade, bem como ações que visem à consolidação de uma "Psicologia da Amizade" (GARCIA, 2005b). Eu ampliaria esta visão destacando a necessidade de estudos sobre a influência das amizades na aprendizagem dos três conteúdos destacados nos documentos oficiais (BRASIL, 1996, vol. 1): conceituais, procedimentais e atitudinais, focando no último os relacionamentos entre amigos e não amigos e o ambiente sociomoral.

Mas quais seriam as causas da ausência de investigações acerca das amizades, principalmente entre crianças, aqui no Brasil? Com certeza a preocupação com o desenvolvimento está muito mais voltada para os aspectos cognitivos, com destaque nos conteúdos conceituais, do que com os afetivos e atitudinais.

A educação em nossa sociedade há muito tempo vem enfatizando a importância do ensino de disciplinas acadêmicas, reforçando a ideia de que o estudo e a formação em determinadas profissões livrará o indivíduo de muitos males atuais — a miséria, as injustiças sociais, a criminalidade, entre outros (MARINÓN, 1998).

Será que só esse tipo de educação salvará as pessoas desses males sociais? Quem nos garante que o que se considerou até agora como mais relevante em termos educacionais, realmente é o mais importante?

Não quero aqui desconsiderar a formação acadêmica, o trabalho com os conteúdos conceituais, mas sim reorganizar esta ideia, pois ela nos parece só parcialmente verdadeira. É lógico que essa formação é importante, mas só ela não basta; quantas pessoas são altamente qualificadas e não conseguem se sair bem em seus empregos por diversas razões, como, por exemplo, a inabilidade de estabelecer relações com seus pares. Será que a falta de tomada de consciência de nossos sentimentos não estaria relacionada com as mazelas que a sociedade apresenta? Entendo que as amizades poderiam ajudar as pessoas a expressarem melhor seus sentimentos e a melhorarem os relacionamentos interpessoais.

Parece que um novo enfoque está se vislumbrando para a educação dos próximos anos provindo de uma reflexão sobre o momento conturbado por problemas sociais e o que nós, educadores, fazemos na e da escola. Entendemos que a questão desse novo milênio parece direcionar-se para o sujeito que acredita ser importante conhecer o mundo que o cerca, mas este conhecimento não é isolado do conhecimento do "eu" e do conhecimento das relações com as outras pessoas com as quais ele convive. Dessa forma, sentimentos e cognição são a base desta educação voltada para o que há de melhor no ser humano: a vida e a convivência humana.

Mas como chegar a esse tipo de educação? Como seria montar um currículo no qual as crianças devam aprender muito sobre si mesmas, sobre seus sentimentos, sobre como cuidar dos seres humanos, da natureza e de tudo que está ao seu redor, sem deixar de considerar os conhecimentos já adquiridos pela humanidade e os que estão por vir?

Pesquisas sobre temas da vida social parecem centrais para a educação da vida real. Tais temas estão intimamente ligados às questões morais, visto que estas regem qualquer relacionamento interpessoal. A vida do ser humano se faz a partir dos relacionamentos interpessoais, uns mais íntimos, outros mais superficiais. Acredito que até o momento atual, a escola parece ignorar esse centro de interesse.

A partir dessa perspectiva, um tema relevante a ser pesquisado é o da amizade, pois é um assunto necessário tanto às crianças menores quanto aos jovens e até às pessoas mais idosas, na atualidade. Sendo tão importante para a vida humana, é preciso compreender como se dá o estabelecimento, a manutenção e os demais aspectos que envolvem a amizade.

O que vocês, leitores, irão ler neste artigo é fruto de praticamente dez anos de estudo sobre o mesmo tema e mais vinte anos de experiência como educadora apaixonada pelo que faz, que acredita na real "construção" de valores e sentimentos. Acabei de escrever a palavra construção e coloquei-a entre aspas. Penso que este termo está tão desgastado e com tantas interpretações diferenciadas na escola que, ao escrevê-lo, corro o risco de que vocês o interpretem de forma errônea.

Sei que toda vez que expomos nossas ideias, corremos o risco de múltiplas interpretações. Se estivéssemos conversando, talvez eu pudesse ter certeza de qual a interpretação que o interlocutor faz deste termo. Mesmo correndo o risco, apresentarei as ideias que retirei de algumas pesquisas realizadas nessa trajetória. A primeira, "A representação da amizade em díades de amigos e não amigos" (TORTELLA, 1996), em que investiguei as representações de crianças de diferentes idades sobre seus melhores amigos, amigos e não amigos, analisou as soluções que cada sujeito componente de uma díade de amigos apresenta individualmente, para dilemas envolvendo relações de amizade entre melhores amigos, amigos e não amigos, e verificou se existem diferenças de gênero nas representações e soluções dos dilemas. E a segunda, "O desenho da amizade como forma de expressão no contexto escolar" (PEROBELLI e TORTELLA, 2008), objetivou: a) analisar as diferenças dos desenhos das crianças quando representam a si mesmas junto com um amigo e quando representam a si mesmas junto com um não amigo; b) verificar quais elementos predominam na representação de um amigo e na representação de um não amigo.

Esses estudos enfocam também a importância de se pesquisar a amizade, tanto em nível de pesquisa quanto em nível relativo às aplicações pedagógicas. Tais pesquisas clareiam muitos aspectos do estudo sobre amizade, mas, é claro, há ainda muitos outros fatores a serem descobertos. Convém ressaltar que não partilho a ideia de que as crianças e os jovens devam ter muitos amigos, assim como temos visto atualmente uma cobrança maciça pelos meios de comunicação da necessidade de estar sempre conectado a outra pessoa (Orkut, Facebook, entre outros). Entendo que as pessoas apresentam modos de vida diferenciados e que estes devem ser respeitados. É importante verificarmos não a quantidade de relacionamentos que as crianças e os jovens estabelecem, mas, sim, a qualidade dessas relações. Muitos temas sobre a amizade podem ser abordados, tanto referentes a aspectos positivos quanto a negativos dessa relação, e os estudos dos mecanismos subjacentes a esta construção necessitam de maiores esclarecimentos.

AS CONTRIBUIÇÕES DA AMIZADE PARA A VIDA

Para iniciar esta reflexão vamos fazer um exercício. Registre em um papel os momentos marcantes de sua história de vida em forma de lista. Nessa lista há presença de amigos? Agora tente se lembrar das amizades de sua infância, lá por volta dos seis anos. Escreva quem era seu melhor amigo(a) e o motivo da amizade. Lembre-se também de uma criança com quem você não gostava de brincar, de realizar atividades escolares. Quais as características dessa criança? Agora, registre uma amizade atual, por que são amigos? O que você sentiu quando se lembrou da amizade da infância?

Tenho realizado esta reflexão em muitos encontros de educadores, e de forma geral as respostas estão de acordo com o que encontramos na teoria. A primeira questão relaciona-se com a importância que a amizade tem para nossa vida e, geralmente, os sentimentos positivos e de bem-estar que ela nos traz. Com certeza os momentos marcantes estão relacionados com a interação entre familiares e amigos.

O segundo fator trata da inter-relação entre o aspecto cognitivo e o afetivo. Piaget (1974), ao longo de seus estudos, reconhece a importância das interações sociais, tanto na construção do desenvolvimento cognitivo quanto na do desenvolvimento afetivo e moral. Segundo esse autor, tais aspectos são indissociáveis e seguem todos a mesma evolução. Os trabalhos sobre amizade, que acreditam nas concepções de Piaget, destacam a importância da relação entre pares e o seu desenvolvimento ao longo do tempo (SELMAN, 1981; YOUNISS, 1980).

Para Piaget (1962), os estágios do afeto (afetividade) correspondem exatamente aos estágios do desenvolvimento das estruturas, ou seja, há uma correspondência e não uma sucessão. Portanto, não existe um comportamento puramente afetivo ou puramente cognitivo; em toda ação do sujeito existe o componente afetivo. Para enfatizar este aspecto, Piaget (1962, p. 170)[1] explica que mesmo a emoção, que é a forma mais elementar de afeto, necessita do aspecto cognitivo, pois supõe uma discriminação. E com relação à amizade descreve: "Da mesma forma que na simpatia, na amizade ou no amor existem elementos de discriminação e de compreensão mútua." Portanto, há de inferir que, na amizade, uma das manifestações da afetividade, o aspecto cognitivo está claramente presente. Como já foi visto, a compreensão do conceito de amizade envolve o aspecto cognitivo e afetivo.

Parece bastante claro que a afetividade e a inteligência são complementares e que seria desnecessário discutir sobre qual desses dois componentes antecede ou precede um em relação

---

[1] Cf. DELAHANTY, G.; PÉRRES, J. (comp.), 1994.

ao outro. O que existe é uma relação de correspondência e não de causalidade. Vamos voltar ao seu registro das amizades. O motivo pelo qual você descreveu a amizade da infância e a amizade atual é o mesmo? Com certeza o sentimento de bem-estar é o mesmo, mas o conteúdo é diferente. Dois estudos clássicos nos ajudam a entender essas questões. Selman (1981) descreve em termos de conteúdo cinco estágios de compreensão reflexiva das amizades: estágio 0: Atividades físicas momentâneas; estágio 1: Assistência de mão única; estágio 2: Cooperação leal; estágio 3: Relacionamentos íntimos e mutuamente compartilhados; estágio 4: Amizades interdependentes e autônomas.

Os estudos de Youniss (1980) demonstraram também como há um progresso, como existem "formas majorantes" no que diz respeito à construção da noção de amizade. O autor relata que, ao categorizar as respostas das crianças sobre amizade, foram levantados alguns temas principais e as respectivas categorias, seguidas de análise. As categorias são as seguintes: *brincar e compartilhar; adaptação às necessidades; o estabelecimento do princípio de amizade*. Por intermédio desses temas, pode-se perceber uma evolução ou um avanço qualitativo. Os resultados demonstram que até a idade de nove anos as crianças mais jovens parecem identificar amizade com interações momentâneas, ao passo que para crianças mais velhas a amizade é um relacionamento duradouro, assumindo um novo significado: a personalidade é evidente, ou seja, os amigos ajudam nos problemas um do outro e no bem-estar emotivo, e estão preparados para ajudar porque compreendem as necessidades por meio de sua personalidade compartilhada.

O processo construtivo parece estar bem delimitado. Considerando que a amizade, uma das formas de relacionamento entre as pessoas, apresenta componentes cognitivos e afetivos, infere-se, então, que os conflitos existentes nestas interações podem, a partir do processo de equilibração, promover novas formas de agir ou se relacionar com os outros. O sujeito, ao tentar resolvê-los, apela para seus esquemas de assimilação, e caso estes sejam insuficientes, surge a necessidade de elaboração de novos esquemas, a fim de se adaptar à situação. No que diz respeito às relações interpessoais, essa tentativa de resolver conflitos pode conduzir a um progresso e, consequentemente, atingir um novo estado de equilíbrio. A afetividade, tão marcante nessas relações, seria a energética dessas condutas. Por exemplo, podemos nos desentender com um amigo por alguma razão, e ao resolver o conflito encontrar novas formas de argumentos ou de se relacionar com o outro.

E onde e quando se dão essas aprendizagens? Entendo que esses processos advêm de constantes reelaborações e que dependem também do contexto sociocultural no qual a criança, o jovem e o adulto estão inseridos. A escola é um desses espaços, e considerando a realidade atual das crianças e dos jovens, este é um espaço privilegiado para tais interações, já que a realidade social não permite que elas convivam, por exemplo, com vizinhos.

Por fim, os estudos apontam que a amizade é um relacionamento de extrema importância "para as pessoas e, assim como o casamento e a família, é promotora de felicidade e de satisfação de vida mediante recompensas instrumentais, apoio emocional e companheirismo" (ARGYLE, 2001 apud SOUZA, 2007b, p. 83).

AMIGOS E NÃO AMIGOS: O QUE DIZEM AS PESQUISAS

Bem, você já descreveu um pouco o que pensa sobre os relacionamentos entre amigos e não amigos. Mas o que pensam as crianças? Imagine sua sala, como são as escolhas de seus alunos? Veja um gráfico interessante de uma sala pesquisada que aponta as escolhas de crianças da Educação Infantil. O gráfico representa, no eixo vertical, o nome de 21 crianças que participaram do estudo, assim como, no eixo horizontal, o correspondente a cada criança pelo número que a nomeia. Elas deveriam escolher um **melhor amigo**, um **amigo** e um **não amigo**. No eixo horizontal, a escolha das crianças em cada categoria foi posicionada com relação à criança escolhida. Pode-se observar o número de vezes que cada criança foi escolhida por seus pares em cada categoria no eixo vertical.

CÓDIGOS	1	2	3	4	5	6	7	8	9	10	11	12	13	14	15	16	17	18	19	20	21
01 - AFO				•								○						★			
02 - AMA																					
03 - BRS				•			○										★				
04 - CAR			•			○						★									
05 - GIO											★					○		•			
06 - HEI		•										○						★			
07 - KAI				○			•											★			
08 - LAR	○		•											★							
09 - LET				•												○		★			
10 - LUF	•	○																★			
11 - MTE								•								○		★			
12 - MTH				★														•	○		
13 - PAL		○					•	★										○			
14 - PAU									○							•		★			
15 - RAF								•				★			○						
16 - RAI	○										★					•					
17 - STE										○	★					•					
18 - THA								○	•									★			
19 - TAR				★	○							•									
20 - WEV				★	•					○											
21 - GIA	★		•															○			
	1	2	3	4	5	6	7	8	9	10	11	12	13	14	15	16	17	18	19	20	21

● MELHOR AMIGO   • AMIGO   ★ NÃO AMIGO

O que chama atenção na tabela? Muitos de vocês destacariam a criança WEV, que foi indicada por oito crianças como uma não amiga, ou ainda a criança THA, escolhida por muitos como melhor amiga. Um olhar mais atento verificaria que, por exemplo, CAR ou LAR não foram indicadas por ninguém. Quais seriam as características de todas essas crianças? Fizemos este levantamento com outras turmas do Ensino Fundamental e os dados não foram muito diferentes. Vejamos, agora, as respostas das crianças sobre as características pessoais e as atitudes dos que eram considerados melhores amigos:

ART (10,9) M: *Porque ele é legal comigo. (...)*
DAP (11,1) M: *Porque eu acho ela muito legal. Ah! Não tem o que falar. (...)*
BVH (10,2) F: *Porque ela é legal. Ela é engraçada. Ela faz palhaçada na classe.*
BEA (10,6) F: *Porque ela sempre me ajuda. Sempre me apoia.*
ART (10,9) M: *Porque quando ela está atrasada, eu ajudo, e quando eu estou bem atrasado, ela ajuda eu. Quando eu tô atrasado em Matemática, Português, nas tarefas.*
SAR (6,11) F: *(...), ela me ajuda também, e tudo que eu faço, ela fala que está bonito, que está legal.*
JEM (12,0) M: *Porque sempre quando os meninos me xingam, o LUP me xinga, mas nem tanto quanto os outros. E quando os moleques vêm bater em mim, ele me defende.*
TPM (11,1) F: *Se alguém põe culpa em mim, ela tira a culpa de mim.*

Vejamos, agora, as representações por meio do desenho dos relacionamentos entre amigos.

DESENHO 1: J. H. O. S., 7 anos.

DESENHO 2: J. M., 6 anos.

DESENHO 3

DESENHO 4: M. L.

Nota-se que as crianças justificaram a escolha do amigo como aquele que as defende de algum problema ou de uma outra criança, e em seus argumentos encontramos características de condutas prossociais, como ser legal, ajudar e dar apoio. Os desenhos revelam a proximidade física, atividades conjuntas, sorrisos e cores diferenciadas.

Passemos, agora, para a análise das respostas referentes ao não amigo:

JEL (8,5) F: *Porque ele é muito metido, fuxiqueiro.*
PAL (6,6) F: *Porque ela é muito "briguenta".*
BWG (10,7) M: *Porque ele é muito exibido. Todo dia ele traz as coisas e fica achando que ele é o bonzão. Porque, às vezes, quando a gente brinca de futebol, ele fica se exibindo pra todo mundo.*
LUF (6,8) M: *Porque quando eu estou brincando, ele vem bater; porque ele fica batendo nos outros e fica falando dos outros.*
RAI (6,7) F: *Porque ele bate, ele chuta, ele fica bravo e dá soco na gente.*
LUA (8,3) F: *Ah! Porque ele é muito briguento. E outro dia, quando as meninas estavam lá brincando, não sei o que aconteceu lá, disseram que ele pegou o menino e virou para ver se tinha dinheiro no bolso dele. Eu não gosto dele, ele é muito safado, muito chato; ele só quer bater nas criancinhas pequenas. Por que ele não bate naquelas crianças grandes?*
TPM (11,1) F: *Porque eu não brinco com ele. Faz bagunça na classe e a professora passa lição pra todo mundo.*

Verifique, agora, as representações das crianças com um não amigo.

DESENHO 5: V., 8 anos.

DESENHO 6: M., 8 anos.

Que análise você faz das falas e dos desenhos das crianças? Pode-se verificar que condutas antissociais estão presentes de forma marcante; fatos como esses são comuns em nossas escolas. Apresentei aqui somente uma amostra de desenhos, mas a análise de uma pequena amostra indicou que as representações demonstraram descontentamento, tristeza, insatisfação, e na maior parte das vezes um obstáculo (árvore, objetos) entre as crianças consideradas não amigas. Já para os desenhos com os amigos há um número significativo de expressões de bem-estar.

O que nos chamou a atenção comparando a representação realizada pela mesma criança — desenho 4 com o 6 — foram os traços que demarcam a expressão de sorriso com o amigo e a expressão de descontentamento com o não amigo.

Ficam nítidas pelas pesquisas apresentadas as diferenças entre os relacionamentos entre amigos e não amigos e a importância do conhecimento desses aspectos pelos docentes.

CONSIDERAÇÕES FINAIS

Pensando novamente nos questionamentos iniciais sobre suas amizades e também sobre a realidade de sua sala, esses dados apresentados fazem sentido para você? Considerando os fatores apresentados, poderíamos nos perguntar o que leva uma criança a escolher um amigo entre outras crianças, ou o que leva uma criança a agir de uma forma ou de outra. Esta é uma questão comum no âmbito escolar. No início da escolarização, a criança começa a se interessar por seus pares e dá início ao estabelecimento da dialética do "eu" e do "nós", sempre no sentido de uma adaptação social. Dessa forma, a criança descobre por si mesma muitos aspectos do mundo social por meio dos relacionamentos com outras pessoas. No estabelecimento da amizade, que pode ser definido como um relacionamento cooperativo, o "eu" está localizado em um sistema maior de relações, que seria o "nós".

Embora a criança descubra muitas coisas por si mesma, entendemos que a amizade pode ser vista como uma experiência que não é dada pronta, ou seja, a criança precisa "trabalhar" para iniciar uma amizade e, consequentemente, para mantê-la. Nesse esforço, surgem conflitos nos quais ela terá de encontrar meios para solucioná-los. Até mesmo o rompimento de uma amizade pode ser entendido como um fator de crescimento.

Ao se observar as crianças no contexto escolar, podem-se encontrar duas realidades distintas. Uma na qual a criança se depara com um ambiente em que o estabelecimento de relações entre pares é valorizado e propício para o desenvolvimento de condutas prossociais e outro em que ela, longe dos "olhos" dos adultos, libera condutas antissociais, tais como: jogos violentos, atos maldosos, zombaria e discriminação. Pesquisas indicam que os ambientes sociais influenciam, consideravelmente, as condutas das crianças. Ora, geralmente, a escola limita-se a ter um espaço no qual cada um realiza sua tarefa, faz isoladamente seus trabalhos e as interações não são bem-vindas e reduzidas somente à hora do intervalo, um espaço de no máximo vinte minutos de duração. Se acreditamos que este conteúdo, a amizade, também depende de uma construção, como podem essas crianças vivenciar experiências de tal natureza?

Convém salientar que não estamos aqui defendendo que todos devem ser amigos, pois na construção da amizade deve-se também considerar as simpatias e antipatias, as afinidades, entre outros aspectos. Isto não exime o trabalho a partir do respeito mútuo, ou seja, assim como a criança constrói aspectos relacionados à amizade, como ouvir o outro, respeitar as vontades e ideias alheias, ser justa, ela também precisa construir conhecimentos sobre a necessidade do respeito às pessoas com as quais não tem tantas afinidades. Muitas vezes na escola há um discurso de que todos precisam ser amigos (principalmente quando há brigas), porém inúmeras vezes os professores, imbuídos das atividades com os conteúdos, negligenciam isso. De que forma? Por exemplo: quando um colega pede um lápis emprestado e escutamos o professor dizer: *Cada um com seu material!!* Logo, a ação do professor contradiz a fala sobre solidariedade e amizade. Na realidade ele promove, sem querer, um ambiente mais hostil entre os pares.

Por fim, defendemos um espaço escolar em que a criança tenha a oportunidade de interagir com os amigos, de falar livremente de seus sentimentos, de ter alguém para escutá-la e valorizar seus pensamentos. Essas situações nos parecem tão simples, mas no cotidiano escolar estão ainda tão distantes.

SOBRE A AUTORA

JUSSARA CRISTINA BARBOZA TORTELLA é doutora em Psicologia Educacional. Docente da Faculdade de Educação e do Programa de Mestrado em Educação da Pontifícia Universidade Católica de Campinas (PUC--Campinas).

REFERÊNCIAS

BOMBI, A. S.; PINTO, G. *Los colores de la amistad: Estudios sobre las representaciones pictóricas de la amistad entre los niños*. Madri: Visor, 1993.

BRASIL. Parâmetros curriculares nacionais: Introdução aos parâmetros curriculares nacionais / Secretaria de Educação Fundamental. Brasília: MEC/SEF, 1997.

GARCIA, A. *Psicologia da amizade na infância: Uma introdução.* Vitória: UFES, Núcleo Interdisciplinar para o Estudo do Relacionamento Interpessoal e GM Gráfica e Editora, 2005a.

_____. "Psicologia da amizade na infância: Uma revisão crítica da literatura recente." *Interação em Psicologia*, vol. 9, n. 2, 2005b, p. 285-294.

GARCIA, A.; PEREIRA, P. C. DA C. "Amizade na infância: Um estudo empírico". *Revista de Psicologia*. Vetor Editora, vol. 9, n. 1, jan./jun, 2008, p. 25-34.

PEROBELLI, E. A. P.; TORTELLA, J. C. B. *O desenho da amizade como forma de expressão no contexto escolar.* Trabalho de conclusão do curso de pedagogia da Universidade São Francisco, Itatiba, 2008.

PIAGET, J. (1994). *O juízo moral na criança.* Tradução de E. Lenardon. São Paulo: Summus (originalmente publicado em 1932).

RENSHAW, P. D. "The roots of current peer interaction research: A historical analysis." In: ASHER, S. R.; GOTTMAN, J. M. *The Development of Children Friendships.* Cambridge: University Press, 1981.

SELMAN, R. L. "The child as a friendship philosopher." In: ASHER, S. R.; GOTTMAN, J. M. *The Development of Children Friendships.* Cambridge: Cambridge University, 1981.

SOUZA, L. K. DE. *Amizade em adultos: Adaptação e validação dos Questionários McGill e um estudo de diferenças de gênero.* 102f. Tese de Doutorado em Psicologia do Desenvolvimento — Programa de Pós-Graduação em Psicologia, Universidade Federal do Rio Grande do Sul, Porto Alegre, 2006.

SOUZA, L. K. DE; HUTZ, C. S. "Diferenças de gênero na percepção da qualidade da amizade." PSICO-PUCRS: Porto Alegre, vol. 38, n. 2, 2007a, p. 125-132.

_____. "A qualidade da amizade: adaptação e validação dos Questionários McGill." Aletheia: Canoas, n. 25, 2007b, p. 82-96.

TORTELLA, J. C. B. *A amizade no contexto escolar.* Mestrado em Psicologia da Educação — Faculdade de Educação, Universidade Estadual de Campinas, Campinas, 1996.

_____. *A representação da amizade em díades de amigos e não amigos*. Doutorado em Psicologia da Educação — Faculdade de Educação, Universidade Estadual de Campinas, Campinas, 2001.

YOUNISS, J. *Parents and Peers in Social Development: A Sullivan — Piaget perspective*. Chicago: University of Chicago, 1980.

Capítulo 3

Infelizmente, poucas são as regras que podem ser refeitas ou reconstruídas com sentido pelos alunos na escola; a maioria delas permanece ditada pelas autoridades e imposta em relações de coação, de respeito unilateral entre professores/direção e alunos e, assim, a prática e a consciência das mesmas pelos alunos mantêm-se heterônomas.

Maria Suzana de Stéfano Menin

Participação dos pares
Regras que partem de princípios e assembleias escolares

A ORGANIZAÇÃO DAS REGRAS E ASSEMBLEIAS EM SALA DE AULA:

Obedecer à autoridade ou aos princípios?

ADRIANA DE MELO RAMOS
MARIANA GUIMARÃES WREGE
VANESSA FAGIONATTO VICENTIN

EM UMA escola de Educação Infantil ocorreram, durante algum tempo, muitos acidentes em função do uso de sandálias entre as meninas. Este calçado feminino, que atualmente já inclui saltos (mesmo para as crianças pequenas), acarretou problemas para algumas delas e até mesmo para outras que estavam em volta. Em função da problemática, a coordenação da instituição decidiu criar uma regra: é proibido o uso de sandália na escola. Contudo, Isabela, aluna do último ano deste nível, continua indo para a escola calçando sandálias, com o consentimento da mãe, que afirma que a filha sente muito calor com outros calçados. As outras crianças questionam a professora dizendo que se a Isabela pode, por que elas não podem? A coordenação se questiona sobre a atuação frente a esta regra.

O QUE SÃO REGRAS E SUA IMPORTÂNCIA PARA O DESENVOLVIMENTO DA AUTONOMIA

A partir deste exemplo, e de uma infinidade de outros que poderíamos narrar, fica claro que as regras e sua elaboração são temas bastante recorrentes nas instituições educativas. Para viver em sociedade é preciso que haja limites, portanto é impossível uma criança ou um adolescente ter liberdade total. Porém, permitir tudo ou permitir nada (extremos que muitas vezes encontramos nas escolas que pesquisamos), é igualmente prejudicial para o desenvolvimento de nossos alunos em processo de construção de valores.

As regras são formulações verbais precisas que determinam o que deve ou não ser feito, definindo o *como* agir. Têm a finalidade de regular a convivência entre as pessoas, propiciando respeito por si mesmas e pelo outro.

As normas interferem na qualidade das relações interpessoais, assim como no desenvolvimento moral dos alunos. A criança entra no mundo da moral por meio das regras. No caso de Isabela, que ao conviver no espaço escolar se depara com o desejo de usar uma sandália na escola e a regra que proíbe seu uso, haverá a chance de refletir sobre o que é certo ou errado, justo ou injusto, podendo legitimar ou não cada regra escolar que conhece. Segundo Piaget (1932/1994), há duas tendências morais: a heteronomia e a autonomia. Na primeira, também conhecida como realismo moral, a criança entende como boa toda ação que ocorre em concordância com uma norma, sendo que esta última é imposta por uma autoridade, um adulto. A regra é tomada ao pé da letra e não em seu princípio: a criança avalia os atos em função da sua conformidade material e não em função da intenção que está por trás deles. Em suma, na heteronomia a norma vem de uma fonte externa, é determinada por outras pessoas e validada somente na presença da autoridade.

Já na autonomia, ao contrário, a pessoa não se submete a uma norma simplesmente pela obediência à autoridade, mas sim porque a compreende e a aceita — é a moral da consciência das regras. O sentimento de obrigação é interno e ocorre por meio da autorregulação. Uma pessoa autônoma conserva valores e é autogovernada, levando em consideração os diferentes ângulos da situação vivenciada na hora de escolher entre como deve ou não agir.

As normas são formuladas a partir de princípios, e estes não se referem a *como* agir, mas sim em nome do que agir (LA TAILLE, 2006). É importante que a criança entre no mundo das regras a partir das imposições do adulto, uma vez que são heterônomas, pois ainda não têm capacidade de pensar por princípios, de pensar em causas, consequências e necessidades. Para Isabela, no auge de seus seis anos de idade, é natural que tenha a necessidade de satisfazer o seu desejo e mostrar suas sandálias para as amigas. Mas não tem consciência das consequências que podem ocorrer, caso participe da aula de Educação Física com uma sandália de saltinho. E ainda, é totalmente compreensível que, quando a regra é colocada para a menina, ela tenha dificuldade de entender o princípio que está por trás dessa regra. Nesta situação é preciso que o educador determine a regra à Isabela e esclareça os motivos. É preciso que, aos poucos, as crianças e os adolescentes experienciem situações de cooperação, de troca entre pares, de reciprocidade, de vivência na construção das normas para que consigam compreender os princípios que as fundamentam.

É preciso pensar e refletir junto aos alunos sobre os princípios que existem por trás das regras. Quanto ao exemplo de Isabela, a norma "é proibido comparecer de sandália na escola" pode ser entendida apenas como uma regra convencional, e que, portanto, pode ser mudada em função da necessidade do grupo. Se o princípio da regra for ressaltado pela professora — usar sandália de saltinhos pode machucar —, as crianças poderão refletir sobre sandálias e outros calçados apropriados para atender a este princípio: zelar pela integridade física de todos no ambiente escolar.

Consideramos, a partir do exposto, que a escola, e em especial o professor, tem um papel fundamental na formação de alunos mais autônomos. Nesse sentido, é indispensável pensar no processo de elaboração das normas dentro da instituição: *como* e *por quem* são elaboradas. De acordo com Vinha (2000), a aceitação interna das regras pelas crianças pode advir do respeito unilateral (respeito à figura de autoridade) ou do respeito mútuo (respeito ao próximo). É preciso haver a compreensão da norma, mesmo que nem sempre seja agradável respeitá-la e mesmo que ela vá contra um desejo individual. Desse modo, a responsabilidade pela tomada de decisões deve ser dividida com a classe, proporcionando oportunidades a crianças e jovens de regularem os próprios comportamentos, promovendo o sentimento de necessidade da justiça e das regras, de responsabilidade e de propriedade (DEVRIES e ZAN, 1998). Quando refletem juntas sobre seus problemas, as crianças podem ser levadas a perceber a necessidade de haver normas que regulem seus comportamentos, exercitando a autonomia.

A CONSTRUÇÃO DE REGRAS NA ESCOLA: UMA OPORTUNIDADE DE DISCUTIR E LEGITIMAR VALORES

Muitas escolas objetivam a formação de cidadãos críticos, autônomos, éticos. Porém, é ainda mais corriqueiro que tais objetivos não passem de predisposições bem-intencionadas, que ficam apenas escritas em documentos, porque na prática as ações da escola caminham, muitas vezes, no sentido oposto dos próprios ideais.

Em uma pesquisa realizada em escolas públicas e privadas, Tognetta e Vinha (2007) identificaram um grande número de regras criadas a partir dos conflitos que ocorrem cotidianamente na instituição escolar. O imperativo da contenção e do evitamento de novos conflitos faz com que regras e mais regras passem a regular praticamente tudo o que desrespeita tanto a parte pedagógica e a organização dos trabalhos quanto a maneira como o aluno se comporta, o horário que pode usar o banheiro, a forma como deve se sentar, como deve organizar seu material, como deve se vestir etc. Devido à quantidade de regras e ao fato de muitas delas não fazerem sentido para os alunos, a desobediência passa a ser mais um problema para a escola administrar, assim, na sequência à criação de regras, formulam-se também as sanções, objetivando maior submissão. Piaget (1932/1994) afirma que o valor moral da ação não está vinculado apenas em obedecer determinada regra social, e sim no porquê da obediência, ou seja, no princípio que rege a ação. Nessa abordagem, as regras que existem no ambiente escolar também precisam ter coerência.

Ainda para esse autor, a obediência a uma regra é maior quando a pessoa faz parte do processo de sua elaboração e, por não ser imposta, há um respeito maior por ela. Cabe ao professor ser um orientador nesse processo, sem impor suas vontades, auxiliando os alunos nas discussões. Em muitas escolas os professores trazem as regras prontas no primeiro dia de aula, como, por exemplo, "não sair da sala sem a permissão do professor", explicando os motivos que estão pautados em problemas anteriores. Acreditam que, dessa forma, prevenirão os problemas que já ocorreram. Na prática, isso não ocorre. Quando as crianças não participam da elaboração das regras, tendem a não legitimá-las, logo, não as cumprem.

As regras devem surgir da necessidade, ou seja, a partir de uma situação, ou de um problema que aparece naturalmente, que está incomodando e precisa de solução. É preciso, quando possível, que os alunos sintam a necessidade daquela norma.

Por exemplo, se algumas crianças chegam atrasadas na classe após o lanche com certa frequência, é preciso colocar a questão para a turma (sem citar nomes, e sim o fato) e pensar em conjunto se é viável ou não criar uma norma a respeito. Sendo assim, as regras não são acordos estáticos e rígidos. Se, com o tempo, for verificado que uma ou algumas delas não estão funcionando, é necessário reavaliar o acordo firmado, analisando-o, revisando-o e, caso sintam necessidade, reelaborando-o. Contudo, se o problema ocorre com casos isolados, por exemplo, apenas a Isabela comparece às aulas com calçado perigoso para as atividades de Educação Física, será preciso tratar com a Isabela e sua mãe sobre o fato. É preciso conversar individualmente com quem é de direito, no caso, a aluna e sua família. O contrário também pode acontecer; em determinados momentos, aquelas normas que já não se aplicam, podem ser extintas. Porém, essa flexibilidade não significa que devemos ser permissivos. Se as normas são coletivas e servem para reger as relações de determinado grupo, devem valer para todos, inclusive para o próprio educador.

É preciso ter cautela na elaboração das regras. Não necessariamente tudo o que é debatido deve virar uma norma. Apresenta-se o problema e discute-se com os alunos causas e consequências, os princípios subjacentes à situação, os sentimentos dos envolvidos, dentre outras coisas. Caso o grupo sinta que é preciso criar uma regra a respeito daquele fato, esta pode ser acordada com todos, pensando nas justificativas envolvidas, assim como na melhor forma de redigir a nova norma. Esta deve ser clara, coerente, redigida numa linguagem acessível que respeite a faixa etária da criança/adolescente e sua compreensão. Por ser um processo discutido e reflexivo, o aluno acaba percebendo a necessidade da regra e as consequências naturais do não cumprimento da mesma.

Quando os alunos conseguem cumprir uma norma, é importante que o professor faça corresponder uma sensação de bem-estar e satisfação pessoal (VINHA, 2003), porque, na maioria das vezes, seguir uma regra é difícil e pode ir contra desejos e vontades pessoais. Isto não significa que se deve recompensar a criança/adolescente todas as vezes que conseguir agir de acordo com uma norma. O que propomos é que, utilizando uma linguagem descritiva, seja mostrado a ela que sabemos de seu esforço para agir daquela forma. Por exemplo, quando uma criança que dificilmente consegue lembrar-se de lavar as mãos antes do lanche e o faz espontaneamente, podemos dizer-lhe, descrevendo a situação: "Puxa vida, João, eu sei o quanto você está com fome e com vontade de comer seu lanche, ainda mais hoje que serviram seu sanduíche preferido, e, ao invés de ir direto para o refeitório sem lavar suas mãos, você foi primeiro ao banheiro e esperou os colegas que estavam na sua frente terminarem de lavar as mãos para lavar as suas!" Sentindo que seu esforço foi reconhecido e que ele é capaz de dirigir os próprios atos a partir de um combinado (refletido e discutido), é provável que em outras ocasiões similares este se lembre mais facilmente de seguir a regra, pois agrega a esta última uma satisfação pessoal (autorregulação).

A partir da perspectiva que descrevemos, é comum os educadores julgarem que tudo deve ser negociado e discutido e que deve aceitar todas as soluções propostas pelos alunos, uma vez que estas tenham partido deles. Todavia, cabe salientar que nem todas as normas devem ser elaboradas pelos estudantes, pois nem tudo se discute. Macedo (1996) destaca que há regras que não são negociáveis, que são aquelas que se referem à boa saúde, ao bom estudo e à boa convivência social. Estas são obrigatórias, pois dizem respeito a não causar danos a si mesmo ou aos outros, incluindo também prejuízo ao patrimônio. Devem existir em pequeno número, somente quando realmente necessárias, e ser reafirmadas de maneira firme quando surgirem situações que as envolvam (TOGNETTA e VINHA, 2007). Porém o fato de não serem negociadas, não significa que não devam ser refletidas e explicadas, pois é importante que os alunos compreendam a sua necessidade. Podem ser propostas aos alunos e pedir que enumerem argumentos que as sustentem, expressando suas ideias e situando como gostariam de ser tratados. De acordo com Vinha (2003, p. 254):

> (...) princípios como a justiça, o respeito (a si mesmo, ao outro e ao patrimônio), a igualdade e a dignidade são explicados, mas sua validade ou pertinência não são passíveis de discussão. Não se debate se é bom ser justo, ou se deve-se ou não tratar o outro com respeito, como se esses princípios fossem uma simples questão de ponto de vista, de opinião pessoal. O que se discute é "como se faz justiça?", "o que significa tratar o outro com respeito?". A escola deve possuir princípios gerais (não negociáveis) que servirão de parâmetro para a elaboração das regras.

Nesse sentido, não podemos ser flexíveis diante de uma regra não negociável; os princípios norteadores são explicados, porém nunca debatidos. Dessa forma, de acordo com o exemplo do início do capítulo, reconhecemos que para Isabela é bom ir com uma sandália de que se gosta muito para a aula e poder mostrar para suas amigas, mas deve-se colocar o limite de forma firme e inegociável, em situações que haja a possibilidade de dano para a saúde.

Podemos, ainda, classificar as regras em convencionais ou morais. As primeiras dizem respeito a um conjunto de normas obrigatórias para um grupo de pessoas, porém não são universalizáveis. São baseadas em convenções sociais, como, por exemplo, não usar boné na escola, chupar balas na sala de aula, entre outras. As segundas são especificamente relacionadas "às questões interpessoais de conflitos, à restrição de condutas e à busca da harmonia da pessoa e do bem-estar alheio" (LA TAILLE, 2002, p. 17). Por trás deste último tipo de regras, existem princípios morais que as sustentam, tais como: o respeito, a dignidade e a justiça. O que geralmente vemos nas instituições escolares é que, muitas vezes, em função de uma regra convencional, acaba se ferindo uma regra moral. Por exemplo, chegar em horário estabelecido para o início das aulas é uma regra convencional, porém muitas vezes, nas escolas que pesquisamos, o professor faz comentários, como: "Nossa!!! Tinha que ser você, chegando atrasado novamente!", ou "Você nunca chega no horário!?". Assim, para fazer valer uma regra convencional (horário), o professor fere uma regra moral, o respeito ao aluno, pois utiliza uma linguagem que expõe e, muitas vezes, humilha a criança/adolescente, colocando-a(o) em situações vexatórias frente ao grupo. O educador evidencia uma conduta de desrespeito, sendo que ele é quem deveria dar o exemplo.

Na maioria das vezes, as normas convencionais são pautadas em bons princípios, porém os próprios regimentos escolares acabam colocando-as no mesmo nível (ou até mesmo em níveis superiores) que o das regras morais. É preciso ser mais firme e cobrar de forma mais efetiva uma regra moral, que é embasada em princípios universalmente desejáveis, do que uma convencional, fundamentada em acordos sociais.

Um cuidado que deve ser levado em conta ao se elaborar uma regra é não se combinar uma sanção, no caso de seu descumprimento. Ao proceder de modo a estabelecer de antemão uma punição, transmite-se a ideia de que a norma pode vir a ser desrespeitada, tanto que já foi previsto o que ocorrerá com o infrator caso este a transgrida. Outra razão é que as crianças não possuem ainda condições de decidirem qual seria a sanção mais adequada, por causa do nível de desenvolvimento no qual se encontram, sendo muitas vezes excessivamente rígidas ou injustas.

Caso haja necessidade de se aplicar uma sanção, é preciso que o educador utilize uma sanção por reciprocidade, que é caracterizada pelo fato de estar relacionada diretamente ao ato cometido, fazendo com que a criança sinta as consequências de suas ações. Por exemplo: privar um aluno do parque ou da Educação Física porque este mentiu é um exemplo de punição, uma vez que a relação parque/aula e a mentira é totalmente arbitrária. Porém, podemos dizer ao aluno: "O que acontece quando mentimos para uma pessoa?" ou "O que fez com a confiança que depositei em você? Como fica nossa relação depois dessa mentira?". É preciso que o discente reflita sobre a consequência natural dos seus atos, ou seja, quando se mente, cria-se uma relação pautada na desconfiança; os outros passam a não acreditar mais na pessoa, pois ela mentiu. Segundo Kamii (1991), as sanções por reciprocidade têm o efeito de motivar a criança a construir, por si própria, regras de conduta por meio da coordenação de pontos de vista. Em suma, devemos focar nossa atenção nos procedimentos utilizados na construção e elaboração das normas dentro da sala de aula e da escola. É preciso criar espaços para a elaboração das regras negociáveis e reflexão das regras não negociáveis. Para tanto, a Assembleia Escolar pode favorecer a construção de um ambiente sociomoral mais justo e democrático.

AS ASSEMBLEIAS ESCOLARES COMO UM PROCEDIMENTO DE EDUCAÇÃO MORAL

As assembleias destinam-se, segundo Puig (2000), a um momento escolar organizado para que os membros da escola possam falar, com o objetivo de melhorar a convivência e o trabalho escolar. O trabalho com as regras na escola é um aspecto pertinente a toda comunidade escolar, pois trata do bem-estar de todos.

O trabalho com as assembleias na escola é fundamental para a solução de problemas cotidianos. É um momento oportuno para os alunos pensarem em conjunto sobre a ocorrência de muitos acidentes no ambiente escolar em função de um tipo de calçado (como no nosso exemplo), analisarem soluções para resolver o problema ou, ainda, refletirem sobre uma condição inegociável. A assembleia é um espaço para pensar no porquê de uma regra e no princípio que a sustenta. De fato, a assembleia permite que os alunos participem em muitas situações da tomada de decisões da escola e se sintam pertencentes a esse universo. E também é um momento de reafirmar o projeto político-pedagógico da escola.

Puig et al. (2000) propõem quatro tipos de assembleia: de classe, de nível e segmento, de docentes e de escola. A assembleia de classe, que já foi citada, é realizada com alunos a partir do 2º ano do Ensino Fundamental. Antes dessa idade, as rodas de conversa e avaliação do dia, que devem ocorrer diariamente, terão a mesma finalidade da assembleia de classe. Com a diferença de que, com os menores, em função do desenvolvimento cognitivo, há a necessidade de espaços diários para tratar da convivência escolar. A temática desse tipo de assembleia envolve as situações do dia a dia da classe, ou seja, a organização de cada turma especificamente, e é realizada semanalmente (Fundamental I) ou quinzenalmente (Fundamental II). A condução dessa assembleia é realizada pelo professor polivalente, ou o professor-conselheiro, tutor ou orientador. A assembleia de nível ou segmento envolve as classes de cada nível ou segmento (turno) e a temática é a organização destes, além da discussão de projetos comuns. É realizada mensalmente (ou bimestralmente), e envolve a participação de todos os professores e dois alunos representantes de cada sala de aula, além do coordenador, orientador e representante dos funcionários. Já a assembleia docente, visa regular as temáticas relacionadas à convivência entre os docentes e a direção, o projeto político-pedagógico da instituição e conteúdos administrativos da escola. Participam desse momento mensal ou bimestral, todos os professores, a direção, representantes da Secretaria da Educação ou mantenedora. Por fim, a assembleia de escola visa regular a relação no espaço coletivo; ocorre mensalmente (ou bimestralmente) e participam representantes de toda a comunidade escolar em forma de rodízio.

Segundo Araújo (2004), os diversos formatos de assembleia se complementam e ajudam na construção de uma nova realidade educativa. O autor afirma que:

O fato de podermos exercer papéis sociais distintos àqueles que estamos acostumados ajuda na descentração pessoal e cognitiva, tão importante para os processos de construção da ética nas relações interpessoais (p. 35).

Sabe-se que nem sempre as escolas conseguem iniciar um trabalho com todos os tipos de assembleia em função da necessidade de organização do tempo ou mesmo por eleger outras prioridades. Araújo (2004) ainda sinaliza que em muitas situações o professor começará o trabalho com sua classe, e com o tempo os outros profissionais se sentirão seduzidos com os resultados desse processo. Ele afirma que nada justifica obrigar os docentes a realizar algo em que não acreditam ou que não se sentem preparados.

Dois aspectos importantes devem ser considerados ao tratar das assembleias na escola: a questão do preparo dos profissionais e a expectativa deles. O processo de implantação da assembleia exige estudo prévio por parte dos educadores. A escolha do espaço, a mobilização do grupo, a escolha dos alunos coordenadores, a organização da pauta e a organização da ata exigem planejamento e avaliação (ARAÚJO, 2004; TOGNETTA e VINHA, 2007). É preciso que o professor se prepare para a implantação e para os constantes desafios que frequentemente ocorrem. Sugerimos que os professores, coordenadores e tutores inexperientes possam participar da realização das assembleias com os educadores experientes antes da implantação em seu grupo.

Outra questão fundamental é a expectativa dos educadores. Tognetta e Vinha (2007, p. 100) afirmam que "as assembleias não são mágica ou panaceia que resolvem todos os problemas". As autoras ainda discorrem que os problemas, os conflitos na escola não serão eliminados. Contudo, haverá a possibilidade de os alunos construírem formas mais assertivas de os resolverem. Portanto, o mais importante não é o produto que chega a uma assembleia e sim o processo pelo qual os alunos podem falar, negociar, argumentar, sair do seu ponto de vista, reconhecer os sentimentos dos outros, manifestar o que sentem.

Alguns cuidados ao discutir e criar as normas: as regras não devem referir-se ao bem-estar de uma minoria, mas sim de uma maioria; é preciso evitar regras de respeito unilateral (não combinar: *respeitar o professor, os funcionários*... e, sim, *respeitar as pessoas*); uma regra não pode ferir uma lei; ainda é importante ter a clareza de que, quanto mais liberdade, mais responsabilidade se atribuiu aos alunos.

Há quatro mecanismos que devem ser utilizados ao se discutir com os alunos os temas que precisam ser refletidos: pensar nas causas; pensar se as soluções atuam nas causas; analisar cada solução; verificar se os princípios são respeitados.

As assembleias oportunizam que os professores conheçam melhor seus alunos, e que se coloque em atividade a democracia e validação do respeito mútuo como princípio norteador das relações interpessoais. Uma assembleia bem conduzida preserva e propicia ao sujeito o respeito por si próprio e pelo outro, ou seja, o bem-estar de todos. Favorece que os conflitos ou as insatisfações recorrentes sejam discutidos e negociados, quando surgir uma necessidade. Possibilita ações voltadas para o diálogo, o direito à fala, a reflexão sobre diferentes questões, a elaboração de propostas e o respeito à diversidade de opiniões.

CONSIDERAÇÕES FINAIS

Em suma, o trabalho com as regras e as assembleias na escola é uma oportunidade para favorecer a construção da autonomia moral de nossos alunos. Para que eles entendam a importância da necessidade das regras será preciso utilizar ações sistemáticas com todo o grupo, e ainda a atuação do educador, em situações individuais.

Os educadores precisam compreender que quando atuam democraticamente com relação às regras escolares, oferecem oportunidade de construção de valores morais entre os alunos. É por meio dos combinados sobre as regras negociáveis e da reflexão sobre as regras inegociáveis que as crianças têm a chance de integrar, à sua personalidade, valores como justiça, respeito mútuo, igualdade e equidade. Além disso, o trabalho com as assembleias escolares faz com que os alunos se sintam pertencentes ao grupo e responsáveis por suas ações.

Temos certo que não é um caminho fácil. Contudo, pode ser recompensador quando percebemos a evolução das crianças e dos jovens, quando comparados com os alunos advindos de um ambiente em que as regras são impostas por figuras de autoridade. Resta-nos tomar a seguinte decisão: pretendemos contribuir para a formação de pessoas que obedeçam à autoridade ou que sigam princípios morais?

SOBRE AS AUTORAS

ADRIANA DE MELO RAMOS é doutoranda no PPG da Faculdade de Educação da Universidade de Campinas, professora e coordenadora do curso de pós-graduação *As relações interpessoais na escola e a construção da autonomia moral*, da Unifran.

MARIANA GUIMARÃES WREGE é mestranda no PPG da Faculdade de Educação da Universidade de Campinas.

VANESSA FAGIONATTO VICENTIN é doutora em Psicologia pelo Instituto de Psicologia da USP e professora do curso de pós-graduação *As relações interpessoais na escola e a construção da autonomia moral*, da Unifran.

REFERÊNCIAS

ARAÚJO, U. F. *Assembleia Escolar — Um caminho para a resolução de conflitos*. São Paulo: Moderna, 2004.

DE VRIES, R.; ZAN B. "Uma abordagem construtivista do papel da atmosfera sociomoral na promoção do desenvolvimento das crianças." In: FOSNOT, C. T. (org.). *Construtivismo: Teoria, perspectiva e prática pedagógica*. Porto Alegre: Artmed, 1998.

KAMII, C. *A autonomia como finalidade da educação: Implicações da teoria de Piaget. A criança e o número*. Campinas: Papirus, 1991.

LA TAILLE, J. M. Y. *Vergonha, a ferida moral*. Petrópolis: Vozes, 2002.

_____. *Moral e ética: dimensões intelectuais e afetivas*. Porto Alegre: Artmed, 2006.

MACEDO, L. *Cinco estudos de educação moral*. São Paulo: Casa do Psicólogo, 1996.

PIAGET, J. *O juízo moral na criança*. 2ª ed. São Paulo: Summus Editorial, 1932/1994.

PUIG, J. *Democracia e participação escolar*. São Paulo: Moderna, 2000.

TOGNETTA, L. P.; VINHA, T. P. *Quando a escola é democrática — Um olhar sobre a prática das regras e assembleias na escola*. Campinas: Mercado de Letras, 2007.

VINHA, T. P. *O educador e a moralidade infantil — Uma visão construtivista*. Campinas: Mercado de Letras, 2000.

_____. *Os conflitos interpessoais na relação educativa*. Tese de Doutorado, Faculdade de Educação da Universidade Estadual de Campinas, Campinas, 2003.

Capítulo 4

Inegavelmente, vivemos novas realidades, às quais temos que nos adaptar para não incorrermos no erro de fazer falsas idealizações do passado, em que a paz reinante nas escolas era inspirada no medo e não na convicção de que a negociação e a conciliação são as melhores saídas para os conflitos que enfrentamos em nosso dia a dia.

Maria Isabel da Silva Leme

Intervenções nos conflitos
Tomada de consciência e expressão de sentimentos

O PROCESSO DE RESOLUÇÃO DE CONFLITOS ENTRE CRIANÇAS E ADOLESCENTES

SONIA MARIA PEREIRA VIDIGAL
VANESSA FAGIONATTO VICENTIN

MUITOS EDUCADORES sentem-se desamparados ao se depararem com situações de conflitos interpessoais na escola, sem saber como proceder diante delas. Não é de admirar que isso ocorra, dadas as situações de violência, agressividade, incivilidade e bullying que ocorrem cotidianamente no âmbito educacional. O Relatório de Pesquisa "Bullying Escolar no Brasil", publicado em 2010 pelo Instituto Plan,[1] mostrou que 70% dos estudantes afirmaram ter presenciado cenas de agressões entre colegas no ano de 2009, e 30% declararam ter vivenciado ao menos uma situação violenta na escola neste período. A pesquisa — conduzida pelo Centro de Empreendedorismo Social-CETS e Administração em Terceiro Setor, ligado à FIA (Fundação Instituto de Administração) — foi realizada com estudantes do 6º ao 9º ano do Ensino Fundamental das cinco regiões do Brasil. Os resultados da investigação mostraram que

---

[1] Organização não governamental responsável pela campanha "Aprender sem medo". Disponível em: <www.aprendersemmedo.org.br>.

os procedimentos adotados pelas escolas são as tradicionais medidas de coação ao aluno: a suspensão (culpabilização do aluno) e a conversa com pais (culpabilização da família), formas que não resolvem efetivamente a problemática.

A dificuldade dos educadores em propiciar uma formação de maneira que os alunos resolvam conflitos interpessoais de forma mais justa e equilibrada reflete-se em todos os setores da sociedade, o que vem gerando indignação e insegurança entre as pessoas. Waiselfisz (2011), responsável pela publicação do relatório "Mapa da Violência 2011 — Os jovens do Brasil", indicou que a violência entre jovens entre 15 e 24 anos aumentou — a morte por homicídio nesta faixa etária cresceu 39,7% no período entre 1998 e 2008. Desacordos interpessoais seguidos de morte, em pessoas cada vez mais jovens, e a expansão da violência para as cidades do interior são dados que sinalizam a necessidade de os educadores trabalharem o aprendizado de melhores formas de resolver conflitos com crianças e adolescentes.

Preocupados também com situações de violência, realizamos um estudo que pretendeu avaliar as estratégias de resolução de conflitos indicados por 84 adolescentes de 12 a 16 anos (VICENTIN, 2009). O estudo mostrou que os jovens sugeriam com maior frequência estratégias submissas[2] de resolver conflitos interpessoais (39,39%), preferindo "calar para não arrumar confusão". Na sequência, foi apontada pelos jovens a estratégia agressiva (25,57%), mostrando a necessidade de usar formas coercitivas em situações de desacordo interpessoal. Dois resultados chamaram a atenção nessa pesquisa: a estratégia assertiva, que envolve a ação de colocar o próprio ponto de vista, sem o uso de coerção, foi apresentada por apenas 5,95% dos jovens,

---

[2] Estratégia submissa, estratégia agressiva e estratégia assertiva são categorias encontradas na pesquisa de Vicentin (2009).

o que indica a dificuldade dos jovens em pensar em formas justas e não violentas de resolver conflitos interpessoais; o outro fato relevante foi não ficar evidente qualquer diferença entre as respostas dos adolescentes de 12 a 14 anos e dos de 15 e 16 anos, o que indica que os mais velhos, que provavelmente possuem recursos cognitivos mais sofisticados, apresentam dificuldade de pensar em soluções mais pacíficas e mais justas de resolução de conflitos.

Os resultados dessas pesquisas, entre outras, sinalizam dificuldades das pessoas nas resoluções de conflitos e falta de conhecimentos para a formação moral de crianças e de adolescentes. As pessoas não nascem sabendo respeitar a si mesmas e ao próximo; é na caminhada para a formação da autonomia moral[3] que aprenderão, espera-se, melhores formas de resolução de conflitos. Os próprios conflitos vivenciados requerem recursos cognitivos e afetivos que poderão traduzir-se em oportunidades de aprendizado na resolução dos conflitos interpessoais, de forma justa e equilibrada. Conforme destacam Sastre e Moreno (2002):

> Para resolver um conflito de maneira satisfatória, é preciso tentar descentrar-se do próprio ponto de vista para contemplar simultaneamente outro ou outros pontos de vista diferentes e, às vezes, opostos e elaborar fusões criativas entre todos eles, o que implica operações de reciprocidade e síntese entre os contrários (p. 52).

---

[3] De acordo com Piaget (1932), existem duas tendências morais: a heteronomia moral e a autonomia moral. A primeira refere-se à moral da coação, portanto a pessoa age bem em função de uma regulação externa. A moral da cooperação é a moral do respeito mútuo, pois a pessoa age bem em função de princípios morais que foram internalizados pelo sujeito.

Os professores reclamam que as crianças e os adolescentes se desentendem com muita frequência. Brigam em função do brinquedo, brigam disputando amizades, brigam pelo espaço e brigam, brigam, brigam. Contudo, uma boa solução de conflitos demanda a "operação de reciprocidade" em primeiro lugar, como já apontaram Sastre e Moreno. Essa operação só será possível a partir dos sete ou oito anos. Em outros termos, as crianças só conseguem ter um pensamento reversível e se colocar no lugar do outro a partir dessa idade. Portanto, os menores necessitam de ajuda do professor para se colocar no lugar do outro, assim como os maiores que não tiveram essa oportunidade. Outras operações cognitivas também têm como pré-requisito a reversibilidade: a síntese entre os contrários,[4] coordenação de diferentes perspectivas e variáveis, antecipação e reconstituição de um conflito no plano mental. Para que uma pessoa tenha condições de resolver um conflito de forma assertiva e justa seria preciso o desenvolvimento de recursos cognitivos e a oportunidade de "brigar" para aprender melhores formas de resolver conflitos nas relações interpessoais.

No entanto, se apenas o desenvolvimento cognitivo fosse suficiente para resolver desentendimentos interpessoais de forma justa e assertiva, não veríamos tantos adultos que são competentes cognitivamente, mas não conseguem conviver satisfatoriamente com seus familiares e seus colegas de trabalho. Nas palavras de La Taille (2006), para agir bem é preciso "que-

---

[4] Trata-se de uma operação mental que envolve considerar de forma sintética as variáveis do(s) outro(s) envolvido(s) no conflito e de compará-las com as próprias variáveis. De forma simplificada, o sujeito que realiza tal operação se questiona: "Se eu estivesse no lugar dele, com todas estas variáveis, como me sentiria e o que faria? Como podemos resolver considerando também os meus motivos?" Só no estágio operatório formal é possível considerar todas essas variáveis. Mas isso não significa que oportunidades não deverão ser dadas aos que não são operatórios formais. Por isso, ao invés de afirmarmos sobre como devem agir, sempre questionamos em forma de perguntas sobre suas ações.

rer agir bem" e não apenas "saber agir bem". Quantas vezes as crianças batem umas nas outras e depois dizem aos professores que sabem que não se pode bater, pois o tapa machuca e dói? Essas crianças, quando questionadas a respeito de outra maneira de resolver o desentendimento com o colega, costumam dizer "conversando". Os professores indagam: "Por que, apesar de as crianças saberem que a melhor maneira de resolver uma briga é conversando, elas não agem dessa forma? Um garotinho do 1º ano do Ensino Fundamental, depois de muitas agressões aos colegas e muitas conversas com a professora, chega dizendo: "Eu já sei o que você vai dizer... que não se bate nas pessoas..., que eu posso conversar, mas eu já disse...; ele me provocou e eu fiquei com raiva e não consegui conversar." Ora, essa criança está sinalizando claramente que entende o que deve fazer, mas ainda está construindo recursos afetivos para agir de forma justa e pacífica. Uma boa resolução de conflitos requer reconhecer os próprios sentimentos e o do próximo, construir formas de expressá-los respeitosamente, fortalecendo os sentimentos morais.

O senso moral que, segundo La Taille (2006), desperta por volta dos quatro ou cinco anos é outro aspecto a ser levado em conta nas relações interpessoais. Trata-se de sentimentos essenciais para a construção da autonomia moral ou, nos termos do autor, da personalidade ética. Medo e amor, confiança, simpatia, indignação, culpa e vergonha são sentimentos que surgirão e, se forem reconhecidos por pessoas que propõem um ambiente digno, poderão formar a base para que queiram tratar o outro como gostariam de ser tratadas: com respeito.

De acordo com De Vries e Zan (1998), recursos cognitivos e afetivos são desenvolvidos quando a escola constrói uma atmosfera sociomoral na qual o respeito mútuo é continuamente praticado. As autoras afirmam que a prática de resolução de conflitos é uma meta construtivista importante, já que o conflito interpessoal leva a um conflito intrapessoal e demanda um processo de equilibração e autorregulação para que ocorra uma nova ordem externa. As autoras sinalizam ainda que alguns professores, desconhecendo a importância dos conflitos interpessoais para a percepção do ponto de vista do outro, previnem os conflitos ou os suprimem quando eles ocorrem.

Como exemplo: numa disputa entre alunos por brinquedos, o professor poderia determinar quanto tempo cada criança ficará com o brinquedo, ou guardá-los para evitar muitos desentendimentos caso não haja o suficiente para cada criança brincar. Essa é uma atitude típica da atmosfera sociomoral tradicional: os educadores proíbem figurinhas, bola no intervalo, mesa de pingue-pongue, ou qualquer outro objeto que possa gerar discórdia entre os alunos. Um professor construtivista[5] reconheceria que o conflito pertence à criança e evitaria tirar a oportunidade de ela o resolver. O docente, ao criar uma atmosfera sociomoral cooperativa, possibilitaria os alunos construírem recursos cognitivos e afetivos para uma boa solução de conflitos. Ele ajudaria seus alunos a pensar nas causas que levaram àquela situação, suas consequências e possíveis soluções. Evitar conflitos ou resolvê-los rapidamente não cria condições de os alunos aprenderem com a controvérsia. Nos momentos de dificuldade, o aluno poderá conhecer novas formas de lidar com ela. Com o auxílio do adulto, construirá recursos para achar soluções mais justas e que melhor atendam aos interesses dos envolvidos.

---

[5] Chamamos de professor construtivista neste capítulo aquele fundamentado na teoria construtivista piagetiana, que oferece condições favoráveis à construção da autonomia moral e intelectual.

A quem cabe resolver o conflito? Num ambiente tradicional, geralmente a autoridade resolve, evitando o prolongamento da situação desconfortável. A solução vem pronta e as partes devem acatá-la. Muitas vezes os professores reclamam que os alunos não cumprem a sua parte no "combinado", mas, frequentemente, somente a autoridade "combinou" e não permitiu a participação ativa dos envolvidos na situação. Na visão construtivista, "um dos princípios é que o conflito pertence aos envolvidos, portanto, eles estarão ativamente participando da busca de alternativas para solucioná-lo de forma que aprendam com o ocorrido (VINHA, 2000, p. 73)". O papel do educador seria mediar essa conciliação, não permitindo tomadas de decisões injustas ou que firam a integridade de algumas das partes. Em determinada escola de Ensino Fundamental, meninos do 6º ano faziam uma brincadeira chamada por eles de "peitinho": consistia em um beliscar a mama do outro com força até que o colega sentisse dor. Diante do incômodo de um dos colegas, a professora intermediou a discussão levantando as implicações físicas e psicológicas desse tipo de atitude. Alguns disseram que era só brincadeira e a sugestão para solucionar o problema foi: quem não quisesse participar da brincadeira não faria com os outros e seria respeitado. Outros julgaram que a brincadeira não poderia acontecer de jeito nenhum, mas que só conversar não resolveria. Fizeram, então, a seguinte sugestão: quando isto ocorresse, vários garotos se juntariam para fazer "peitinho" em quem tivesse transgredido o combinado. A docente, que tinha consciência de seu papel, disse "não" sem qualquer negociação. Neste caso específico, a solução dada pelos alunos continuava a ferir a integridade física e não poderia ser acatada. Apesar de os envolvidos serem aqueles que devam buscar a solução, a professora não poderia mesmo, neste caso, ter deixado que essa situação de desrespeito fosse mantida.

O que diverge nos diferentes ambientes sociomorais não é apenas a forma como os docentes veem o conflito: a forma como eles são sancionados apresenta também diferenças fundamentais para a formação moral do aluno.

Há duas formas de *castigar* o aluno, isto é, de sancioná-lo. Uma é a sanção expiatória e a outra é a sanção por reciprocidade. Para Piaget (1932/1994, p. 161), a primeira parece "ir a par com a coação e com as regras de autoridade" e a segunda vai "a par com a cooperação e as regras de igualdade".

A sanção expiatória é caracterizada por uma punição equivalente à falta cometida, ou seja, se a criança feriu muito o amigo terá de sofrer muito também. Em geral, essa punição não se refere à ação feita pela criança, por isso é arbitrária. O aluno passa a obedecer por medo de ser punido, mas não tem a oportunidade de pensar a respeito de sua ação e perceber o que seu ato acarretou. Por exemplo, uma criança rasgou o desenho de um colega e a professora o deixou sem jogar futebol. Qual seria a relação do futebol com o desenho rasgado? O que a criança aprenderá com essa punição? Aprenderá a obedecer à professora ou a não rasgar algo em sua presença. Além de tirar o que dá prazer às crianças, outras punições são frequentemente realizadas por boa parte dos professores que, longe de promover um ambiente sociomoral cooperativo — mais favorável à autonomia moral das crianças e dos adolescentes —, reforça suas ações de forma coercitiva: advertências e suspensões, punições coletivas por faltas individuais, pontos negativos e notas de comportamento, humilhação perante os colegas... Tais procedimentos muitas vezes funcionam, mas não levam o aluno a pensar na sua falta e em formas de repará-la. Dessa forma, reforçam a heteronomia do aluno.

A outra forma de restabelecer a falta cometida é a sanção por reciprocidade. Ela é utilizada por professores que primam por um ambiente sociomoral democrático na escola. Nesse caso, a reparação do ato é ligada à infração causada. Se uma criança destruiu a maquete de um colega, uma sanção por reciprocidade seria ajudar a remontar a obra do amigo. Ao fazer isso, a criança percebe o trabalho despendido para montar a maquete, observa que algumas peças não podem ser consertadas, nota que há partes que somente o autor da obra é capaz de reproduzir novamente, pois é fruto de sua criação. Há, portanto, uma oportunidade de a criança pensar nas causas e consequências de danificar algo que não é seu. O pedido de desculpas também pode ser uma forma de reparar a violação praticada, desde que seja um acordo entre as partes. As *desculpas* impostas pelo professor não levam à reflexão, mas somente ao *pagamento da pena*, atuando como uma sanção expiatória. O pedido de desculpas tem sentido quando demonstra a intenção da criança ou do adolescente em reparar seu ato.

Dar escolhas aos alunos, excluí-los temporariamente do grupo social ou da atividade que estão fazendo também se caracterizam como sanções por reciprocidade. Por exemplo, um aluno que provoca um colega pode ser abordado individualmente pelo educador a realizar uma escolha. O educador pode perguntar, por exemplo: "Você prefere ficar aqui sem ironizar seu colega ou prefere ir para outro lugar até que tenha condições de voltar sem repetir esta atitude?" Caso a sanção "da escolha" não tenha resultado, o professor pode dizer ao aluno: "Vejo que você já escolheu. Vamos para aquela cadeira até que você me diga quando tem condições de voltar sem repetir a mesma atitude." É importante observar que tais sanções apresentam o problema ao aluno para que ele pense em como poderia resolver. O professor terá de intervir caso o aluno não consiga agir de forma recíproca, a fim de não permitir que outros sejam destratados.

Mas se muitas vezes a sanção expiatória "funciona", por que acontece de ela não ser um bom regulador moral? A sanção expiatória é um regulador externo; está sempre de acordo com a decisão da autoridade. Por ela ser arbitrária, os alunos geralmente não compreendem seu significado e não compartilham as decisões. Muitas vezes é vista pelos alunos como "o professor não vai com a minha cara" ou "o professor estava de mau humor naquele dia". É comum os alunos saberem que estão fazendo algo errado, mas nem sempre possuem a real dimensão das consequências desse ato. A sanção expiatória não contribui para que ele perceba essas consequências, apenas reforça a ideia de que aquilo não pode ser feito naquele ambiente. Se determinada criança vive em uma família em que se fala palavrão e é repreendida na escola por isso, pode tirar a conclusão "aqui não se pode falar palavrão", sem refletir a respeito de quanto o amigo teria se ofendido quando alvo de seus insultos.

Tirar algo de que o aluno goste para mostrar o seu erro é uma sanção expiatória. Essa atitude poderá causar uma sensação ruim no sujeito punido, e não a vontade de reparar o que fez nem melhorar o seu comportamento. Muitas vezes os alunos já sabem "o preço que irão pagar", e estão dispostos a persistir no ato, pois preferem, por exemplo, ficar sem jogar futebol, mas dar um tapa no amigo que o xingou. Essa é uma das consequências da sanção expiatória: o *custo-benefício*. Há muitas crianças que fazem essa opção: "Se eu pegar o brinquedo da minha colega, ficarei sem ir ao parque, mas meus amigos faltaram hoje; logo, eu prefiro pegar o brinquedo e não ir ao parque."

Outra atitude frequente das crianças que vivenciam a sanção expiatória, segundo Kamii (1990), é o *cálculo de risco*. Elas aprendem a calcular o risco de serem pegas fazendo o que é errado. Em determinada escola, por exemplo, um aluno disse: "Em geral nenhum vigilante vai àquele canto do pátio, por isso eu costumo fumar no início do recreio naquele cantinho e sei que dificilmente serei pego." Percebe-se que a sanção não faz o aluno pensar nos danos do fumo, nem deixar de fazê-lo, apenas o leva a desenvolver mecanismos que evitam que seja descoberto fumando, e, consequentemente, punido.

Há também aquelas crianças que obedecem e deixam de cometer o delito, mas o fazem por medo de serem pegas. Para Kamii (1990), são pessoas que se tornam passivas, não conscientes do mal que tal dano causa. Não são pessoas acostumadas a pensar no princípio que sustenta a norma. A autora chama essa situação de conformidade cega: são crianças que não tomam decisões, apenas seguem as regras.

A autora comenta ainda a revolta como outra forma de manifestação das crianças para as quais as decisões vêm prontas. Muitas vezes são crianças que costumavam acatar ordens sem discutir e, a partir de determinado momento de suas vidas, revoltam-se com essa obediência cega. Podemos perceber que, na escola, é comum essa mudança de comportamento aparecer quando há um desenvolvimento cognitivo que permite ao aluno questionar determinadas normas ou situações impostas sem uma justificativa coerente e que lhe parecem arbitrárias.

Um prêmio pode ser tão nocivo quanto uma punição, embora isso pareça estranho. Os prêmios são dados na escola, em geral, resultantes de alguma atitude positiva do aluno. Essa conduta é, assim como a sanção expiatória, uma perpetuadora da heteronomia. Ao premiar, o educador está mantendo o regulador externo, pois quem decide o que deve ou não ser valorizado, assim como os critérios para a decisão, é o adulto.

O aluno, da mesma forma que se comporta frente a uma sanção expiatória, poderá desenvolver atitudes apenas para obter o mérito, ganhar o bônus, e não por refletir acerca da real consequência de tal ação. É comum alunos pequenos se preocuparem com a lição para ganhar uma estrelinha colocada no caderno pela professora, ou os maiores terminarem rapidamente uma tarefa para poder sair antes para o pátio. Essas atitudes não contribuem para gerar o gosto pelo conhecimento, nem para que o aluno perceba a importância desse conhecimento para a própria vida. Enquanto o prêmio é almejado pelo aluno, o professor terá controle da situação, mas deixará de conseguir controlá-la quando o aluno se desinteressar por ele; ou o bônus terá de ser aumentado, ou o aluno deixará de cumprir o que foi pedido. Um reflexo dessa forma de atuar é a fala de muitos educandos: "O que eu vou ganhar com isso?" Ou: "Essa atividade vale nota?" Enquanto a atividade valer nota, enquanto o aluno estiver interessado em tirar notas boas e enquanto ele achar que se esforçar vale a pena — pois conseguirá atingi-las —, atribuir uma nota para conseguir que eles façam algo poderia ser um recurso. Entretanto, após a prova, provavelmente ele não veria mais necessidade de ter aquele conhecimento.

A sanção por reciprocidade, ao contrário da expiatória, muito provavelmente levará o indivíduo a pensar a respeito do seu ato. A sanção não precisa ser algo doloroso ou *visível*, mas estar relacionada à busca de uma solução que, de fato, satisfaça da melhor maneira possível os envolvidos. É preciso ressaltar dois aspectos: um que diz respeito à idade das crianças e outro à relação do professor com o aluno que recebe a sanção.

Os pequenos costumam responder de forma imediata às sanções expiatórias, pois, de acordo com seu desenvolvimento, ainda são heterônomos e os adultos têm grande influência em suas decisões, devido ao respeito unilateral — sentimento, misto de amor e temor, natural nas crianças menores. Essa forma de respeito faz com que elas se submetam às regras da autoridade.

As sanções por reciprocidade terão maior efeito nas crianças a partir dos oito anos, quando começam a se preocupar com a própria imagem perante o outro, e a querer preservá-la. Por exemplo: para uma criança menor de oito anos é muito pior ficar sem o videogame do que ser censurada pela pessoa respeitada; o contrário ocorre entre os maiores. La Taille (2002) realizou um estudo que investigou o período do desenvolvimento humano em que a censura é sentida como mais penosa que as sanções expiatórias. Para as crianças pequenas, o juízo alheio não é sentido como fonte de intensa dor psíquica — os castigos considerados mais dolorosos são aqueles que as privam de algum prazer. Já entre os maiores, o autor encontrou que a maior dor costuma vir da expressão da crítica moral, do desprezo. Deveríamos, então, usar as sanções por reciprocidade apenas após os oito anos? As sanções por reciprocidade devem ser usadas sempre, uma vez que as sanções expiatórias trazem consequências nocivas para o desenvolvimento moral em qualquer idade, promovendo o raciocínio de cálculo de risco e de custo-benefício a médio prazo, ou seja, não favorecendo a superação da fase da heteronomia para uma maior autonomia.

Retomando as considerações já feitas acerca da sanção por reciprocidade, convém lembrar: Piaget (1932/1994) alerta que, para as sanções por reciprocidade funcionarem, deve haver uma relação de afeto e respeito mútuo entre adulto e criança. Em outras palavras, uma pessoa precisa se importar com a outra para que esse tipo de sanção tenha efeito. É preciso que o educador observe como é a sua relação com os alunos, o seu tom de voz e o seu olhar quando se aplica uma sanção. Muitas vezes podemos destruir uma pessoa apenas com um olhar de desprezo e com constantes atitudes de indiferença. Nesses casos, Piaget deixa claro que nenhuma sanção por reciprocidade será suficiente nas situações de conflitos interpessoais.

De Vries e Zan (1998) apontam alguns fundamentos básicos para a condução do professor nas situações de conflitos na escola. O primeiro fundamento é assim expresso pelas autoras: *Seja calmo e controle suas reações*. É interessante que, quando falamos deste fundamento para muitos educadores, não é raro eles começarem a rir. Estamos certos de que a maioria das pessoas que trabalham com educação tem clareza da necessidade de um princípio como este. Contudo, o mais difícil é segui-lo, uma vez que os educadores se deparam com salas de aula lotadas, alunos indisciplinados que muitas vezes não realizam as atividades e atrapalham os colegas, adolescentes que os desafiam, crianças e adolescentes agressivos e violentos tanto com seus pares quanto com as figuras de autoridade... No entanto, o professor deve assumir que é o adulto dessa relação e, por isso, tem mais condições cognitivas e afetivas para promover o respeito mútuo.

Outros dois fundamentos destacados por De Vries e Zan (1998) são complementares: *reconheça que o conflito pertence à criança* e *acredite na capacidade desta em resolver os conflitos interpessoais*. Muitas vezes o professor se antecipa na resolução do conflito entre os alunos porque não vê diferença entre um negociador e um mediador. No primeiro caso, uma das partes deve ganhar; no segundo, as resoluções devem ser satisfatórias a todos (VINYAMATA, 1999). O mediador é aquele que vai serenar os ânimos, ajudar as partes envolvidas a reconhecerem seus sentimentos, auxiliar os envolvidos a escutar todas as partes, estimular a contra-argumentação e levar as partes a se concentrarem no problema inicial. Em muitas situações nas quais o professor realiza uma mediação, a solução oferecida pelas crianças pode ser melhor que aquela em que o próprio professor pensou inicialmente. Uma professora da Educação Infantil nos contou que duas crianças começaram a disputar, no parque, um pequeno balde com um desenho de peixe. Após questioná-las sobre o que aconteceu e ouvir que ambas queriam "aquele baldinho de peixinho", ela disse: "Temos um baldinho de peixinho e duas crianças que o querem, como podemos fazer?" A docente confessou que pensou em determinar um tempo para cada uma brincar com o baldinho, porém, após a hesitação das crianças, propôs essa solução. Ficou surpresa quando uma das crianças sugeriu: "Já sei, eu pesco o peixe e ele frita, e depois a gente troca, que tal?" A outra aceitou a solução rapidamente, o que fez a professora pensar que a resolução fora mais criativa e cooperativa do que ela havia pensado inicialmente; sem aceitar, como dito anteriormente, alguma atitude que ferisse a integridade do outro.

Por fim, várias ações que contribuem para a formação moral das crianças e dos adolescentes podem ser encaminhadas no ambiente educativo. Há as ações imediatas de intervenção nos conflitos, nas quais o professor como mediador possibilita que os envolvidos dialoguem e busquem soluções justas e respeitosas. Há também ações programadas, que precisam ser realizadas regularmente e complementam as ações pontuais de intervenção, como apontam Vinha (2000), Sastre e Moreno (2002), Tognetta (2003), Vicentin (2009). Essas ações programadas auxiliam tanto a construção de recursos cognitivos quanto a de afetivos, para uma boa solução de conflitos interpessoais. Esses *procedimentos para a formação moral*, como alguns estudiosos da área da moralidade os chamam, contribuem para desenvolver capacidades diversas da formação moral, portanto, não se excluem. Alguns dos procedimentos sugeridos pelos autores para favorecer o falar de si, o ouvir o outro, e pensar em formas justas e equilibradas de se relacionar podem ser, entre outros, as assembleias escolares,[6] (TOGNETTA; VINHA, 2007), a resolução de conflitos hipotéticos (SASTRE; MORENO, 2002; VICENTIN, 2009), o trabalho com os sentimentos na escola (TOGNETTA, 2003; 2009), a discussão de dilemas morais (DE VRIES; ZAN, 1998; PÉREZ SERRANO, 2002). Seria, portanto, importante um horário semanal para que as crianças e os adolescentes pudessem — por meio desses procedimentos — refletir a respeito desses temas, mediados por um professor conhecedor dos benefícios de cada estratégia e estudioso da teoria que os embasa.

Vários estudiosos afirmam terem obtido bons resultados com o uso de algumas dessas intervenções (VINHA, 2003; TOGNETTA, 2003; 2009; DE VRIES; ZAN, 1998; SASTRE; MORENO, 2002). Estamos certos de que ações como as indicadas constituirão um excelente desafio para os educadores que se interessam pela mudança do triste panorama apresentado no início deste texto.

SOBRE AS AUTORAS

SONIA MARIA PEREIRA VIDIGAL é mestre em Educação pela FE-USP. Professora do curso de pós-graduação *lato sensu* As relações interpessoais na escola e a construção da autonomia moral, da Unifran.

---

[6] Ver capítulo "A organização das regras e assembleias em sala de aula: obedecer à autoridade ou aos princípios?".

VANESSA FAGIONATTO VICENTIN é doutora em Psicologia pelo IP-USP. Professora do curso de pós-graduação *lato sensu* As relações interpessoais na escola e a construção da autonomia moral, da Unifran.

REFERÊNCIAS

CENTRO DE EMPREENDEDORISMO SOCIAL E ADMINISTRAÇÃO EM TERCEIRO SETOR. Fundação Instituto de Administração (mar., 2010). *Bullying Escolar no Brasil: Relatório Final.* São Paulo: CETS/FIA.

DE VRIES, R.; ZAN B. (1998). "Uma abordagem construtivista do papel da atmosfera sociomoral na promoção do desenvolvimento das crianças." In: FOSNOT, C. T. (org.). *Construtivismo: Teoria, perspectiva e prática pedagógica.* Porto Alegre: Artmed, 1998.

KAMII, C. "A autonomia como finalidade da educação: Implicações da teoria de Piaget." In: KAMII, C. *A criança e o número.* Campinas: Papirus, 1990.

LA TAILLE, Y. *Vergonha, a ferida moral.* Petrópolis: Vozes, 2002.

_____. *Moral e ética: Dimensões intelectuais e afetivas.* Porto Alegre: Artmed, 2006.

PÉREZ SERRANO, G. *Educação em valores: Como educar para a democracia.* Porto Alegre: Artmed, 2002.

PIAGET, J. *O juízo moral da criança.* Tradução de Elzon Lenardon. São Paulo: Summus, 1932/1994.

SASTRE, G.; MORENO M. *Resolução de conflitos e aprendizagem emocional.* São Paulo: Moderna, 2002.

TOGNETTA, L. P. *A construção da solidariedade e a educação dos sentimentos na escola.* Coleção Educação e Psicologia em Debate. São Paulo: Mercado de Letras, 2003.

_____. *A formação da personalidade ética: Estratégias de trabalho com afetividade na escola.* Coleção Educação e Psicologia em Debate. São Paulo: Mercado de Letras, 2009.

TOGNETTA, L. R.; VINHA, T. *Quando a escola é democrática: Um olhar sobre as regras e assembleias na escola.* Campinas: Mercado de Letras, 2007.

VICENTIN, V. F. *Condições de vida e estilos de resolução de conflitos entre adolescentes.* Tese de Doutorado, Instituto de Psicologia, Universidade de São Paulo, São Paulo, 2009.

VINHA, T. P. *Os conflitos interpessoais na relação educativa.* Tese de Doutorado, Faculdade de Educação, Universidade Estadual de Campinas, Campinas, 2003.

_____. *O educador e a moralidade infantil: Uma visão construtivista.* Campinas: Mercado de Letras, 2000.

VINYAMATA, E. "Compreender o conflito e agir educativamente." In: VINYAMATA, E. e col. (org.) *Aprender a partir do conflito: Conflitologia e educação.* Porto Alegre: Artmed, 2005.

WAISELFISZ, J. *Mapa da violência 2011 — Os jovens do Brasil.* Rede de Informações Tecnológicas Latino-Americana, Ritla, Instituto Sangari, Ministério da Saúde, Ministério da Justiça, 2011.

Capítulo 5

Creio na vontade humana mas não esqueço de lhe exigir que sirva e defenda a vida em vez de ofendê-la e humilhá-la.

José Saramago

Superação do bullying
Construção do
autorrespeito e do
respeito ao outro pela
sensibilidade moral

VENCER O BULLYING ESCOLAR:

O desafio de quem se responsabiliza
por educar moralmente

LUCIENE REGINA PAULINO TOGNETTA

OS FATOS QUE SE REPETEM...

Pediram-nos outro dia que falássemos sobre a violência no Rio de Janeiro, a violência terrível cometida com nossas crianças, no que ficou conhecida como a "tragédia de Realengo" (em que 12 crianças foram mortas por um homem que entrou na escola atirando violentamente em suas vítimas), e a relação que este fato teria com o que chamamos de bullying. Queremos então começar falando de uma criança em especial. Estávamos, nós e nosso filho, passeando por um parque cheio de cigarras. Nós lhe explicávamos que as cigarras, com suas vozes em coro, cantam até morrer. Foi então que o pequeno filósofo perguntou: "Mas, mãe, se ela sabe que vai morrer, por que continua cantando?" Eis que esse pequeno nos questiona sobre a ausência de possibilidades de escolhas do pobre bichinho em questão. É isso que nos faz diferentes de todos os animais, explicamos a ele, que nos olhou desconfiado.

A desconfiança deste pequeno é séria e completamente possível quando pensamos no caso da violência no Rio, naquela quinta-feira. Um homem, não um bicho, poderia escolher não matar, não morrer. Mas escolheu a morte. O que o levou a isso? Teria sido caso de bullying? E por que na escola? E ainda, por que especialmente naquela escola? Pergunta por pergunta, vamos tentando entender os fatos. Não se trata de um ato comum. Os fatos parecem mostrar tratar-se de um psicopata. Um doente, cujo pensamento centrado em si, numa única possibilidade de satisfação pessoal, buscava validar sua crença: aquela de que as crianças eram impuras... Ora, então é preciso que pensemos: é verdade que ele pode ser doente e no auge de sua loucura incapaz de se descentrar e se comover com a dor do outro. Mas seria só isso? Teimosamente, nos perguntariam ainda: teria sido um caso de bullying?

Com essa indagação é possível então começarmos a discutir o tema proposto neste artigo: o desafio de vencer esta forma tão violenta que tem se disseminado entre nós. Comecemos, então, entendendo o fenômeno, para pensá-lo tendo em vista a tragédia de Realengo.

TERIA SIDO UM CASO DE BULLYING?

A comparação entre as cigarras e os homens, que mencionamos anteriormente, nos possibilita pensar exatamente no que nos faz melhores que quaisquer outros animais: nossa capacidade de decidir, de escolher, que nos torna humanos e define o que chamamos de ética (SAVATER, 2002). Como único animal, moral ou ético, o homem é capaz de respeitar os outros por uma capacidade de decisão, de autorregulação. Da mesma forma, como tal capacidade é humana, a falta de ética chamada de bullying também o é. Trata-se de um tipo de violência velada que denota a falta de ética e, assim, aponta a escolha por manter uma imagem de poder, de virilidade, de força psicológica sobre os outros. É uma forma de violência que acomete meninos e meninas todos os dias, de todas as idades, de todas as classes sociais, como provaram diferentes autores (ALMEIDA e DEL BARRIO, 2002, AVILÉS, 2003; AVILÉS e CASARES, 2005; FANTE, 2005; MASCARENHAS, 2009; TOGNETTA, 2009; TOGNETTA e VINHA, 2008; 2010; TOGNETTA *et al.*, 2010), desde os primeiros dados organizados por Dan Olweus (1993). Do ponto de vista da Psicologia Moral, é a "escolha" o que na verdade diferencia o bullying de uma brincadeira qualquer entre os alunos: há a intenção do autor em causar um sofrimento a um alvo "escolhido a dedo" para receber as agressões que se repetem no cotidiano, a ponto de fazer a vida deste último um "inferno". As agressões com o mesmo alvo acontecem por um longo período de tempo e, necessariamente, há um desequilíbrio de poder físico e psicológico, que faz o escolhido permanecer nesta condição. Contudo, há outra característica interessante quanto à questão do poder: as agressões repetidas são realizadas entre pares que se mantêm num mesmo nível hierárquico, ou seja, sem diferença de autoridade. Sendo assim, bullying é uma forma de violência entre crianças, entre adolescentes, entre adultos ou entre jovens, mas nunca entre professor e aluno, ou entre pais e filhos e vice-versa, pois, nesses casos, há um desnível de autoridade em questão (AVILÉS, 2005; TOGNETTA, 2009; 2011). Tal é a crueldade do fenômeno, que é diante dos iguais (como veremos a seguir) e é pelos iguais que meninos e meninas são estigmatizados como diferentes. Exatamente diante daqueles que mais se quer ser igual, mais se quer pertencer a um mesmo grupo.

Há ainda outra condição necessária para que haja bullying: há sempre um público que assiste ou que sabe das cenas em que meninos e meninas são vitimizados, visto que, mesmo não estando presentes na ação violenta, são coniventes com a situação e haverá sempre a necessidade, para o agressor, de contar com a admiração de um público que o faz manter a fama e a imagem que ele deseja diante dos outros.

O grande perigo de vivenciar cotidianamente essas situações é que aqueles que sofrem a violência, no auge de sua angústia, tentam ou cometem suicídio, matam ou articulam-se para matar, certamente porque é pesada demais a carga que não conseguem carregar. Matar-se ou matar os outros é um caminho para se libertarem desse flagelo. As palavras de um garoto espanhol, exaurido de forças para lutar contra seus opressores, são deixadas pela internet antes de se suicidar: "Livre, oh, livre. Meus olhos seguirão ainda que parem meus pés." No entanto, matar-se pode não significar necessariamente apontar uma arma para o próprio corpo. Homens e mulheres, meninos e meninas se matam quando se prostituem, quando se drogam, quando praticam "rachas", quando se prendem à solidão, já que suas vidas têm uma importância deveras pequena. Precisam, portanto, de nosso olhar compadecido, para que possam ser fortalecidos em fazer cessar sua dor. Mas não são os únicos a precisarem de nós.

Autores de bullying também parecem sofrer. Interessantemente, um autor francês, Karli (1987), tentando explicar a agressividade humana, afirma que em pesquisas com animais, as emoções como medo, cólera, dor, frustração costumam ter um efeito estimulador de condutas agressivas que poderiam explicar o comportamento também humano, e quem sabe, afirmaríamos nós, dos autores de bullying. Esses não aprenderam a transformar suas raivas em diálogo, em superação de problemas e na busca de um valor de si, precisam se sentir superiores aos outros. E mais: o que aprenderam a valorizar são formas de violência e de humilhação sobrepostas à justiça ou à humildade. Carecem de sensibilidade moral, uma espécie de comoção à dor alheia, e não sabem, por incapacidade, se sensibilizar pelo outro (TOGNETTA e VINHA, 2008; 2010). Portanto, ambos precisam de nossa ajuda, visto que os dados mais recentes que temos sobre a existência de bullying entre nossas crianças e nossos adolescentes são alarmantes.

Pesquisas realizadas por Fante (2005) mostram que na região de Rio Preto, interior de São Paulo, essa violência também mostra sinais de existência. Outras, conduzidas por Mascarenhas (2009), na região Norte do país, atestam a urgência das intervenções. Os dados de uma investigação atual conduzida pela Plan (2010), uma organização não governamental de origem inglesa que atua no Brasil, em todas as regiões brasileiras, também dão provas de que o fenômeno é constante entre estudantes.

Na região de Campinas, encontramos, em 2010, dados também alarmantes. Em 2004 e 2005, conduzimos investigações que puderam constatar o fato em nossa região (TOGNETTA e VINHA, 2010). Naquela ocasião, perguntamos a cerca de oitocentas crianças e adolescentes de escolas públicas e particulares da região de Campinas: "Você já foi humilhado, diminuído, desprezado ou caçoado por parte de alguns alunos?", para sabermos se essas crianças se viam muitas vezes como alvo de bullying dos seus pares, e assim pensarmos em intervenções para essas questões de agressividade que não chegam até nós. Parte dessa investigação consistia numa pesquisa-ação cujo objetivo era implantar um programa antibullying nas escolas particulares participantes da amostra, como um projeto piloto. Entretanto, introduzimos uma pergunta neste mesmo questionário que dizia respeito a situações de violência na escola, advindas de outras fontes: "Você já foi humilhado, diminuído, desprezado ou caçoado por algum de seus professores?" Para nossa surpresa, o grande problema que encontramos foi, além do bullying, o fato de que crianças e adolescentes indicavam terem sido humilhados, desprezados, diminuídos pelos próprios professores. Numa das amostras, do 4º ano do Ensino Fundamental ao 2º ano do Ensino Médio, encontramos um número razoável de respostas que indicaram já terem sido menosprezados, ameaçados, zombados por aqueles a quem chamamos de autoridade na escola. Por certo, tais ações são veladas e muitas vezes até não entendidas como formas de humilhação por aqueles que a recebem.

Em outra investigação conduzida por nós (TOGNETTA et al., 2010), na região de Campinas, com 150 adolescentes estudantes de Ensino Médio de escolas públicas e particulares, pudemos constatar que mais de 20% dos alunos diziam já terem sido vitimizados em situações de bullying e outros 53% diziam já terem sofrido violências, não necessariamente repetidas vezes. São pesquisas que têm mostrado uma realidade muitas vezes escondida, já que as ações de bullying são praticadas longe dos olhos da autoridade.

Onde acontecem os casos de bullying? E onde meninos e meninas, que pouco se sentem respeitados ou pouco respeitam os outros, encontrariam pessoas que os humanizariam e os ajudariam a incorporar às imagens que têm de si valores como a justiça, a solidariedade, a tolerância ao diferente?

Na escola, na família, responderíamos. Mas podemos supor que a família, na maioria das vezes perdida, sem saber como educar, sem conhecer outras possibilidades senão as formas violentas, não tem sabido dar respostas suficientes ao problema da formação moral de seus filhos. Sobraria, então, a escola.

POR QUE NA ESCOLA?

Muitos arriscam dizer que a escola é culpada por mais essa forma de violência que aconteceu em Realengo. Violência, desrespeito, como um possível caso de bullying, se um dia for apurada qualquer forma de humilhação ou de menosprezo, pela qual o autor dos disparos tenha passado repetidas vezes por seus pares. A escola, tão vitimada pela falta de formação de seus educadores, que por mais que desejem formar meninos autônomos, justos, cidadãos conscientes, pouco sabem o que fazer, teria essa responsabilidade?

Por que na escola? — insistiríamos. A resposta nos indica algo que ainda nos falta: a escola parece não ser vista como lugar de prazer, como local de convivência. Esse homem de hoje que agora mata foi um dia criança, aluno da escola. E como um sujeito normal, ou ainda que fosse uma personalidade patológica, precisava — assim como as crianças de hoje precisam — de uma escola que acolhe; de uma escola em que se brinque mais do que trabalhe (trabalho é para o professor, o que a criança faz é brincadeira); de uma escola em que se mexa com barro, com areia, faça roda, avalie o dia, planeje passeio, jogue muitos e muitos jogos e em que toda e qualquer criança seja ouvida. Seja ouvida nas suas muitas perguntas sobre o funcionamento do mundo. Seja ouvida no seu silêncio, nas suas dores.

É fato que bullying, essa violência entre pares não é apenas um acontecimento presente na escola. Mas tem, na escola, exatamente pela possibilidade de convivência entre iguais, uma maior propensão a acontecer.

A tragédia de Realengo suscita a discussão sobre o papel da escola na formação de seus alunos. Não estamos falando em culpa, mas em responsabilidade por educar moralmente seus alunos. Isso porque, do ponto de vista da Psicologia Moral, bullying é um problema moral, já que é uma forma de desrespeito ao outro, provocada, quem sabe, pela ausência de autorrespeito que faz do autor um sujeito que não quer ser visto como alguém generoso, justo, compassivo, e da vítima, alguém que não se vê com forças para exigir o respeito a si. E se a moral (ou se aqui quisermos falar em ética, tratadas, por hora, como sinônimos) é conteúdo da escola, a tarefa de educar moralmente lhe cabe. Infelizmente, a escola tende a "fechar os olhos" para uma problemática que menos a incomoda, tratando muitas vezes os casos de bullying como "brincadeiras de crianças" ou simplesmente acreditando não existirem, eximindo-se de buscar soluções para aquele menino tímido que se distancia do restante da classe, ou para aquele que incorpora tantos valores perenes, fúteis, como o poder sobre o outro, como a força física.

Contudo, é triste saber que inúmeras pesquisas têm mostrado quanto a preocupação que se tem na escola está relacionada aos problemas que atingem diretamente os professores, como os casos de desobediência ou desrespeito às suas ordens. Numa pesquisa conduzida por Leme (2006) foram entrevistados 55 diretores sobre a gravidade das ações que acontecem na escola. Com 75% das respostas, os diretores consideram que as agressões verbais ou físicas, cometidas pelos alunos e professores, diretores e funcionários são um ato grave, enquanto as agressões físicas ou verbais de aluno contra aluno são uma falta menos grave. Quando se trata de conflitos entre os próprios estudantes, tanto professores quanto diretores se esquivam dessa tarefa de enxergar um problema moral. Estes são vistos como apenas "importantes" ou "menos importantes" por 30% dos diretores de escola pública e 20% das escolas particulares.

Por certo, pensando assim, a escola pouco tem contribuído para que os alunos possam se inserir nesse espaço público porque, infelizmente, estes últimos não têm encontrado espaços para falar sobre o que pensam, para resolver os próprios problemas em momentos como assembleias ou avaliações do dia. Pouco são chamados a participar efetivamente da construção das regras que regulam a própria convivência e, portanto, pouco veem sentido naquilo que a escola aponta como regra ou condição para o seu convívio. Assim, a escola parece destituir a importância do que é público. O resultado dessas ações é congruente: nossos alunos parecem pouco se preocupar com o outro.

Em uma de nossas investigações realizadas com 150 adolescentes de 8º e 9º anos do Ensino Fundamental, no ano de 2007, de escolas públicas e particulares do interior paulista, pedimos que esses meninos e meninas nos indicassem: "O que as pessoas fazem que deixa você com raiva ou indignado?" (TOGNETTA e VINHA, 2009). Pudemos constatar, pelas respostas, que eles pouco se indignam pela falta de conteúdos morais. E mais que isso: pouco conseguem se inserir num espaço que é público, assim como não incluem o outro como sujeito digno de respeito. Isso, pois, 35,33% das respostas de nossos adolescentes apresentam valores considerados individualistas, já que se indignam quando acreditam que seus direitos foram violados. Uma espécie de "justiça autorreferenciada". Outros 40,66% das respostas se referem a valores estereotipados e a relações próximas, confirmando que esses adolescentes, ainda heterônomos, consideram apenas o meio social restrito ao que vivem, quando, por exemplo, se indignam quando alguém "xinga minha mãe ou meu pai". Somente 24% desses adolescentes se referem à indignação, à falta de virtudes, à falta de dignidade, à desonestidade, à injustiça que acomete qualquer que seja a pessoa, inclusive a si mesmo. Tais dados revelam exatamente a ausência do valor ao que é público, visto que, se somarmos as porcentagens daquele tipo de justiça autorreferenciada àquela atribuída aos que são próximos, temos 76% das respostas em que meninos e meninas adolescentes parecem não se incluir numa esfera pública que envolva a si e os outros. Por que não se indignam pela falta de valores morais? Por que se distanciam de enxergarem a si e os outros como sujeitos de direitos? Porque pouco participam da vida pública na escola e porque essa instituição está longe de fazer com que seus alunos se sintam, de fato, pertencentes...

ENTÃO, O QUE PODEMOS FAZER PARA VENCER AS SITUAÇÕES DE BULLYING NA ESCOLA?

A primeira de nossas ações será lembrar que as crianças são diferentes das cigarras. Parece óbvio, mas não é. Nossos pequenos podem, como humanos, escolher e se responsabilizar por suas escolhas. Se assim são, crianças e adolescentes precisam encontrar na escola oportunidades de pensar sobre as ações violentas que acontecem entre eles. Se lhes falta, no caso dos autores de bullying, sensibilidade moral, é preciso que tenham na escola possibilidades de vivenciar situações em que possam ser construí dos valores morais como a generosidade, a justiça ou qualquer outro. Se lhes falta, no caso dos alvos de bullying, força para superarem seus medos de serem diferentes, é preciso que sejam fortalecidos dia a dia, sentindo-se pertencentes a um grupo, fazendo escolhas, planejando, decidindo sobre as soluções para os problemas cotidianos que têm. É fato e temos insistido na ideia de que não conseguiremos vencer o bullying na escola se apenas tivermos ações pontuais nos momentos de crise, até porque muitas vezes desconhecemos o fato de que nossos alunos são vitimizados por seus companheiros. Enquanto problema moral, vencer o bullying é tarefa da escola e não de Conselhos Tutelares, polícia ou disque-denúncia, que menos promovem a formação moral dos que estão envolvidos e os tratam como criminosos. Nossas pesquisas têm evidenciado a necessidade de se repensar a constituição do ambiente sociomoral, em que crianças e adolescentes se inserem e como todas as ações de professores e alunos podem contribuir para a formação desses meninos e meninas (TOGNETTA e VINHA, 2008; 2010; TOGNETTA, 2011).

Isso significa que não estaremos "perdendo tempo" quando tivermos um conflito entre as crianças para ajudar a resolver. Estaremos, sim, gastando tempo com algo imprescindível que é ajudá-los a se regularem para agir moralmente. Pensemos num exemplo que pode nos ajudar a entender tais questões.

Outro dia assistimos a uma cena em que estudantes do Ensino Fundamental II brincavam de jogar borrachinhas uns nos outros. Tiravam o tubo da caneta, cortavam a borracha (material escolar) em pedacinhos e as atiravam, soprando pelo tubo, nos cabelos das meninas que histericamente gritavam, fugindo dos garotos, numa verdadeira brincadeira de perseguição. Era intervalo entre aulas. Quando a professora chegou à porta da sala e viu aquela confusão, a primeira coisa que fez foi bater as mãos e gritar ainda mais alto que as meninas: "Cada um no seu lugar!" Todos atenderam, ainda que sob protestos, ao grito da professora. O que veio a seguir denota exatamente quanto as crenças de que a moral é ensinada ainda pairam sobre nós. A professora questionou sua turma: "Eu quero saber quem é que começou essa brincadeira." E recebeu como resposta um turbilhão de apontamentos: "Foi ele", "Mas ela também estava gostando", "Foi ela", "Mas ele é quem começou". A professora então gritou novamente, dizendo: "Chega! Vocês dois, fora, para a diretoria!" Sob protestos de ambos, dois meninos foram colocados para fora da sala e seguiram para a diretoria. Ela então, junto aos que ficaram, ordenou: "Vamos começar a aula, pois já perdemos tempo demais."

O que está implícito nessa cena cotidiana que é tão necessário para compreender as ações que podemos tomar como combate ao bullying? Vejamos: ao apontar dois culpados pela cena em que todos estavam envolvidos, a professora denota uma crença de que a moral se aprende com um modelo e com uma punição. É exatamente por acreditar que os outros irão aprender apenas vendo o que acontecerá com os dois que foram castigados que ela age assim. Desde 1932, Piaget asseguraria que a moral não é ensinada, mas construída. Quando o sujeito pode pensar sobre a necessidade das regras, quando pode comparar possibilidades de solução para seus problemas, quando pode se sentir pertencente a um grupo no qual convive, quando pode dizer o que sente diante de uma situação de conflito, tem a oportunidade de construir por si e pelo outro o respeito.

A situação das borrachinhas era um momento ideal para que os alunos pudessem pensar na necessidade da regra de respeitar o outro. Como? Se temos claro que a moral é construída, será preciso um espaço para essa construção — questionando os envolvidos sobre "O que acontece com a borrachinha quando assopramos nos outros?" e "Como você se sente recebendo borrachinhas no seu cabelo junto com o cuspe do amigo?", assim como "O que podemos fazer para que isso não aconteça mais?" —, e dessa forma poderemos ajudar nossos alunos a construir o valor da regra e perceber os sentimentos alheios. Não constatamos que lhes falta exatamente a sensibilidade moral?

O que queremos dizer é que o tempo que a professora diz ter sido perdido é o tempo que precisamos para formar moralmente nossos alunos. Isso porque, diferentemente da sociedade, em que as regras de convivência estão postas, a escola é lugar de formação moral, em que as regras precisam partir da necessidade advinda da convivência diária. Em uma palavra, formar valores depende de um trabalho sistemático e preventivo, do dia a dia, com a participação das crianças nas decisões, nas escolhas, no planejamento, na avaliação cotidiana... como uma "vacina" diária aos problemas, também diários. Se bullying é um problema decorrente da falta de ética, é porque a "vacina" tem faltado nas nossas escolas.

Obviamente, o trabalho da família muito ajudará a superar as possíveis situações de bullying que acontecem na escola. Mas, como já dissemos, os pais de nossos alunos pouco sabem o que fazer para educar seus filhos diante de uma sociedade pós-moderna em que vivemos (SAYÃO e AQUINO, 2006). Será nossa a tarefa de também formá-los, para que possamos de fato ter uma parceria. Isso porque, como diria um velho ditado popular "ninguém dá o que não tem", assim, como podemos exigir dos pais uma parceria, se eles não sabem o que fazer?

Por certo, é preciso que pais e professores encorajem seus filhos e alunos a se indignar com as agressões dos outros. É preciso que se diga a um aluno que é alvo de bullying: "Por que você está deixando que fulano faça isso com você?". E ainda: "O que você pode fazer para que isso não aconteça mais?" Por que fazemos tais indagações? Exatamente pelo fato de que precisamos gerar na criança um sentimento de valia: ela é importante e precisa se defender. Com os pequenos, podemos utilizar de algo bastante eficiente nesse momento: o jogo simbólico. Podemos brincar com a criança que é agredida dizendo "Vamos fazer um foguete e mandar fulano para o espaço..." ou "Vamos atirar um raio congelante nele...", ou ainda "Você não pode me vencer e eu não vou deixar você me pegar porque vou correr mais rápido que um raio...". Brincando, simbolicamente, a criança pode se indignar e se sentir fortalecida para se defender das ações dos outros.

Essas são pequenas atitudes cotidianas que pais e professores, com firmeza, e ao mesmo tempo com paciência, podem ter para transformar as relações que são estabelecidas na escola.

A tragédia de Realengo mostra que a escola muito tem a fazer, começando pelo reconhecimento de sua parcela de responsabilidade para transformar as relações no seu interior.

Enfim, assim como em Realengo, recentemente assistimos a outra cena de violência protagonizada por dois garotos australianos. Um menino, diferente do padrão social vigente, gordinho, quieto, foi intimidado por outro, seu algoz, completamente inferior do ponto de vista do poder físico de que dispunha, mas superior do ponto de vista psicológico. Alvo de bullying desde a infância, o menino australiano dá um basta nas constantes ameaças e maus-tratos que vinha recebendo desde então. O vídeo do momento em que essa vítima ergue com toda sua força seu agressor e o joga no chão é assistido por milhões de pessoas. Em depoimento a um jornalista australiano, dias depois, o menino que se tornou um herói diante da câmera de um celular, deixa uma mensagem emocionante a todos. Quando o repórter lhe faz a seguinte pergunta: "Há provavelmente milhares de garotos no mundo todo passando pelas mesmas coisas que você passou, o que falaria para eles?" Espera-se que o menino diga que sigam seu exemplo, que reajam, que façam como ele fez... Mas não é essa a resposta que temos dele. Temos, sim, uma resposta que nos sufoca como educadores. Responde ele: "A escola não irá durar para sempre." Essa é a escola que temos e que nos faz pensar se realmente estamos cumprindo nosso papel de educar: um lugar em que não se vê a hora de sair...

A violência na Austrália ou no Brasil, em Realengo, ensina a nossos filhos e a cada um de nós que somos educadores, que é preciso, mais do que nunca, que a generosidade, a compaixão sejam conteúdos da escola. Daquela escola, que talvez tenha sido "escolhida a dedo", e de tantas outras cuja saudade deve ficar para quem passa por ela como um lugar em que um dia "eu fui feliz". Essa será nossa maior contribuição para vencer o bullying.

SOBRE A AUTORA

LUCIENE REGINA PAULINO TOGNETTA é doutora pelo Instituto de Psicologia da USP e coordenadora da linha de pesquisa Afetividade e virtudes, do Grupo de Estudos e Pesquisas em Educação Moral pela Unicamp/Unesp.

REFERÊNCIAS

ALMEIDA, A. A.; DEL BARRIO, C. "A vitimização entre companheiros em contexto escolar. Um novo método narrativo para estudo das representações dos maus-tratos entre pares na pré-adolescência: O *Scan Bullying*." In: MACHADO, C.; GONÇALVES, R. A. (orgs.). *Violência e vítimas de crime*. Vol. 2 — Crianças. Coimbra: Quarteto, 2002.

AVILES, J. M. "Representaciones acerca del maltrato entre iguales, atribuciones emocionales y percepción de estratégias de cambio a partir de un instrumento narrativo: *Scan Bullying*." *Infancia y Aprendizaje*, 26 (1), 2003, p. 63-78.

AVILES, J. M.; CASARES, I. M. "Estudio de incidencia de la intimidación y el matrato entre iguales en la educación secundaria obligatoria mediante el cuestionario CIMEI." *Anales de Psicología*, vol. 21, nº 1, jun. 2005.

FANTE, C. *Fenômeno bullying: Como prevenir a violência nas escolas e educar para a paz*. Campinas: Verus, 2005.

LEME, M. I. S. *Convivência, conflitos e educação nas escolas de São Paulo*. Instituto SM para a Educação, 2006.

MASCARENHAS, S. A. N. "Bullying e moralidade escolar: Um estudo com estudantes do Brasil (Amazônia) e da Espanha (Valladolid)." *Anais do I Congresso de Pesquisas em Psicologia e Educação Moral (COPPEM)*. Campinas: Faculdade de Educação, Unicamp, 2009.

OLWEUS, D. *Bullying at School. What We Know and What We Can Do*. Oxford: Blackwell, 1993.

PLAN. "Pesquisa: Bullying Escolar no Brasil. Relatório Final." *Revista Brasileira de Educação*, nº 5-6, São Paulo, p. 222-231, 2010.

PIAGET, J. *O juízo moral na criança*. São Paulo: Summus, 1932/1994.

SAVATER, F. *Ética para meu filho*. São Paulo: Martins Fontes, 2002.

SAYÃO, R.; AQUINO, J. *Família: Modos de usar*. Campinas: Papirus, 2006.

TOGNETTA, L. R. P. "Violência na escola: Os sinais de bullying e o olhar necessário aos sentimentos." In: *A formação da personalidade ética: Estratégias de trabalho com afetividade na escola*. Campinas: Mercado de Letras, 2009.

_____. "Um olhar sobre o bullying escolar e sua superação: Contribuições da Psicologia Moral." In: TOGNETTA, L. R. P.; VINHA, T. P. *Conflitos na instituição educativa: Perigo ou oportunidade? Contribuições da Psicologia*. Campinas: Mercado de Letras, 2011.

TOGNETTA, L. R. P.; VINHA T. P. "Valores em crise: O que nos causa indignação?" In: LA TAILLE, Y.; MENIN, M. S. S. *Crise de valores ou valores em crise?* Porto Alegre: Artmed, 2009.

_____. "Até quando? Bullying na escola que prega a inclusão social." *Revista Educação*, Santa Maria, vol. 35, nº 3, set./dez. 2010, p. 449-464.

TOGNETTA, L. R. P. et al. "Características das relações entre pares e sua relação com o fenômeno bullying." In: GUIMARÃES, Áurea M.; PACHECO; ZAN, Dirce Djanira. *Caderno de resumos do I Seminário Violar: Problematizando juventudes na contemporaneidade*. Campinas: FE/Unicamp, 2010.

Capítulo 6

Para se agir moralmente é preciso que a inteligência esteja convencida, também é preciso que o coração esteja sensibilizado.

Yves de La Taille

**Procedimentos de
educação moral**
Aprendizagem de
valores em atividades
sistemáticas

OUTROS PROCEDIMENTOS
PARA EDUCAR MORALMENTE:

Como as histórias infantis e a discussão de filmes podem ajudar na formação moral de nossos alunos?

DENISE D'AUREA-TARDELI

AS CARACTERÍSTICAS da sociedade atual e sua incidência na educação trazem grandes desafios para as instituições escolares em geral, pelo fato de que necessitam de uma adequada formação integral dos alunos a cargo de um docente comprometido e consciente de seu papel. Por isso, muitos educadores já se fizeram esta pergunta: *As histórias infantis e a discussão de filmes podem ajudar na formação moral de nossos alunos?* E a esta se segue outra: *Como fazer?*

À primeira, damos uma resposta afirmativa, dizendo que podem ajudar de maneira significativa, pois a utilização desses recursos constitui a cultura ética escolar que representa um dos principais agentes da formação dos alunos. Por cultura ética, definimos a complexa trama de elementos que configuram a escola como o cenário idôneo para esta formação, no conjunto de práticas que formam sua organização, seu funcionamento e sua dinâmica, e que nos permite corroborar que a escola, em sua totalidade, educa moralmente.

FILMES E HISTÓRIAS

As mensagens que os filmes de heróis/super-heróis e que as histórias como os contos de fadas ou outra obra da literatura infantil e juvenil transmitem de diversas formas é que lutar contra as dificuldades da vida é inevitável, é algo intrínseco à existência humana, pois enfrentando as privações inesperadas, e muitas vezes injustas, alcança-se o sucesso e a vitória.

As crianças e os adolescentes necessitam desses modelos, em forma simbólica, de como se deve agir nessas situações para amadurecem sem perigos. Muitas dessas histórias mencionam a morte e o envelhecimento, limites de nossa condição humana; apresentam os conflitos humanos básicos: ciúme, inveja, competição, preconceito... em outras tantas, tratam de perdas de pessoas significativas e problemas angustiosos que acontecem nas famílias.

Os contos de heróis, por exemplo, costumam sempre apresentar um problema existencial que permite à criança e ao adolescente confrontarem, também de forma simbólica, o problema em meio a uma trama complexa. Essas histórias mostram que o mal é tão onipresente quanto o bem, causando um problema moral que exige uma batalha interior para poder resolvê-lo, e não resta dúvida de que o fato de o mal ser derrotado no final da narrativa proporciona uma experiência de educação moral, ainda que as histórias não tenham sido criadas com essa finalidade.

Em filmes ou em histórias cujo protagonista encarna a figura do herói, as identificações são diretas e fazem com que as crianças e os adolescentes sofram junto com ele, enfrentando conflitos e provações para triunfar no final (D'AUREA-TARDELI, 2010). O personagem torna-se muito mais atraente para as crianças e os jovens, e justamente por esta característica simbólica desenvolvem a convicção de que o mal não compensa e que as batalhas devem ser enfrentadas com coragem para se chegar ao "felizes para sempre". As mensagens transmitidas pelos contos/histórias proporcionam, na maioria das vezes, segurança psíquica, pois as crianças e os adolescentes precisam e querem acreditar que é possível combater o medo e os monstros interiores.

Ao contrário do que muitos pensam, os filmes de heróis/super-heróis, as histórias e os contos de fadas, as fábulas e outras histórias de literatura infanto-juvenil que narram biografias de personagens que enfrentam conflitos, preconceito, o medo e lutam pela justiça e pelo bem comum, trazem pistas para as crianças e os adolescentes de como atuar diante de princípios morais complicados (ibid.).

TRABALHANDO OS VALORES MORAIS NA ESCOLA

A educação moral significaria, num trabalho escolar, proporcionar aos alunos condições para que se sintam motivados a projetarem e delinearem seu futuro, envolvidos com planos de autorrealização. Por isso, quanto mais os professores desenvolverem trabalhos escolares que permitam a formação do autoconceito[1] e o desenvolvimento da autoestima[2] dos alunos, ainda parecerão insuficientes diante da necessidade. E mais: a educação moral envolve o exercício da cidadania, que é crucial para o desenvolvimento da maturidade moral, porque a

---

[1] O autoconceito está relacionado à percepção que o sujeito faz de si próprio em conexão com o outro.

[2] A autoestima está relacionada ao valor que o sujeito atribui a si próprio.

participação solidária na comunidade e a manutenção do bem comum alimentam o desenvolvimento do altruísmo.

Se a educação é responsável pela busca de um modelo de indivíduo e de cidadão, a escola tem que ser militante defensora da socialização e propagadora de valores moralmente aceitos. A necessidade de um trabalho nessa direção é urgente e necessária para que a escola tenha uma base unificada de seus objetivos educacionais fundamentais, ainda que constituída por diversos públicos e culturas. E isso só poderá acontecer com um *projeto coletivo* nas unidades escolares que promova um estilo de educação próprio, que favoreça a construção de personalidades éticas e solidárias. Assim, um dos problemas que confrontam os educadores em todos os níveis educativos em relação à educação moral repousa na segunda questão mencionada no início deste texto: o *Como fazer?*. É esse "como", essa maneira de encontrar a estratégia adequada e que didaticamente obtenha uma resposta frutífera, o aspecto a se considerar para atingir essa educação.

ENTÃO, COMO FAZER?

Educar moralmente não é tão simples. Requer uma boa didática, com o objetivo de uma verdadeira interação professor--aluno e da possibilidade do desenvolvimento de uma atitude reflexiva, cooperativa e participativa. É pensando nos alunos que o professor deve selecionar as técnicas adequadas às suas características pessoais e grupais para promover aprendizagens significativas e uma motivação constante. Assim, as atividades devem ser bem escolhidas.

O trabalho pedagógico não deve limitar-se à informação, mas também incorporar as experiências de vida do dia a dia.

Para aprender os valores é necessário vivenciá-los, do contrário, a educação moral se reduz a um mero exercício intelectual. Neste sentido, tomamos emprestada a ideia de Puig (2004) sobre as *práticas morais* que, segundo ele, são espaços insubstituíveis de educação moral. Elas constituem situações de vida que expressam valores reais e integram a educação moral como algo dinâmico, que permeia a vida institucional e propõe a construção da identidade mediante um trabalho de reflexão e ação a partir das condições que cada pessoa dispõe cotidianamente.

PRÁTICAS MORAIS COM FILMES E NARRATIVAS

Há uma variedade de técnicas e práticas a serem selecionadas de acordo com as características grupais ou individuais e com os objetivos pautados. Neste texto, o foco está nos filmes e histórias. Essa decisão deverá ser uma responsabilidade compartilhada entre os professores e as políticas de educação para garantir a qualidade da formação de crianças e jovens. O que ocorre na prática é que a sensibilidade e a preocupação pela educação moral dos alunos não é compartilhada pela totalidade do corpo docente das escolas em geral, e às vezes nem pela equipe gestora da escola. Nesse sentido, o professor encontra-se na maioria das vezes em situação de ter que assumir a opção de limitar o programa de sua aula ou nada fazer.

Então como ainda não temos propostas para alteração dos currículos escolares, trataremos a seguir de um *programa de educação moral que possa acontecer nas aulas*; um procedimento metodológico de como conduzir essa atividade educativa de interação do professor com os alunos e dos alunos entre si, no âmbito da moral. Para tanto utilizamos algumas ideias do programa de Educação em Valores do Instituto de Ciências da Educação da Universidade de Barcelona, cujos membros encontram-se entre os autores que temos consultado, como: Escamez Sanchez, Puig, Bruxarrais, Martínez, Trillas (1997), entre outros. Para pensar as linhas de atuação para uma proposta de educação moral em aula, dois são os pré-requisitos, segundo Escamez Sanchez (1996): o primeiro é o domínio básico das *habilidades lógicas* para processar a informação que se recebe na interação com os demais. O segundo pré-requisito é a criação de um *clima adequado* na aula que possibilite o diálogo moral. Esta é a gênese da perspectiva social que permite ver os problemas e conflitos na perspectiva pessoal e grupal, ao mesmo tempo.

Estabelecidas essas condições, apresentamos, a seguir, alguns princípios básicos para o trabalho com filmes e histórias baseados na proposta de Escamez Sanchez (1996) para educar moralmente.

a) A *atividade educativa com filmes e histórias deverá ser dirigida à promoção das habilidades lógico-argumentativas:*
Segundo Piaget (1987), uma das funções essenciais da inteligência é inventar soluções e verificá-las, sendo que esta última é propriamente lógica. O confronto do pensamento da criança com os demais é o que produz a necessidade de verificação. Por isso, o exercício do diálogo é fundamental.

Para desenvolver um pensamento lógico em um *diálogo* é conveniente despertar a curiosidade dos alunos para encontrar as próprias soluções. Exemplos interessantes podem surgir de filmes e de histórias da literatura universal. Pode-se criar uma situação na qual as ideias possam ser discutidas, as proposições debatidas e os valores postos em pauta. Se não for possível explicar, descrever, perguntar, estabelecer hipóteses, analisar, comparar e deduzir, dificilmente se pode alcançar a autonomia moral.

Com filmes e histórias, os alunos têm a possibilidade de fazer tudo isso, com cada cena, ou em cenas específicas, ou ainda recriar cenas de final da história. Determinadas narrativas de filmes como *Dúvida* (*Doubt*), da Disney Buena Vista, de 2008, *Desejo e reparação* (*Atonement*), da Focus Features, de 2007, *O leitor* (*The Reader*), da Imagem Filmes, de 2008, *Sherlock Holmes*, da Warner Bros, de 2009 — todos para adolescentes —, ou histórias infanto-juvenis, como "Desventuras em série" (*Lemony Snicket's A series of unfortunate events*), de Lemony Snicket (que também virou filme em 2004, pela Paramount Pictures/UIP), focam situações na perspectiva dos protagonistas e do ponto de vista dos outros personagens, possibilitando as identificações que abordamos anteriormente. Para exercitar esta lógica argumentativa, filmes que tenham uma trama de mistério ou de suspense que precise ser desvendada, ou ainda que tenha um dilema em sua essência, são os mais indicados.

b) *A atividade educativa com filmes e histórias deverá ser dirigida à promoção de um clima democrático na aula*:
O clima social da aula em que se produza a participação de todos os membros, a inovação e a clareza das normas são os ambientes mais adequados para a educação moral. É preciso criar condições que possibilitem a uma pessoa mostrar suas preferências de valor em uma situação-problema, mostrar aos demais seus pensamentos e sentimentos e estar disposto a argumentar com todos. Essas condições podem vir por meio das narrativas.

Um procedimento adequado para esses casos é fazer com que as normas que regulam as atividades em geral sejam elaboradas pelos alunos e o professor. Qualquer aluno é capaz de propor novas normas e reformular as existentes sempre que esteja disposto a argumentar sobre a conveniência das mesmas.

Filmes cujo ambiente é passado em escolas, ou que apontam ambientes escolares, são bons modelos: *Sociedade dos Poetas Mortos* (*Dead Poets Society*), da Buena Vista Home Entertainment, de 1989, *X-Men*[3], da 20th Century Fox/Marvel Films, de 2000, *Escritores da liberdade* (*Freedom Writers*), da Paramount Pictures, de 2007, *A onda* (*Die Welle*), da Constantin Film Produktion, de 2008, *A voz do coração* (*Les Choristes*), da PlayArte Pictures, de 2004 — todos voltados para o público adolescente.

Como as situações são mutáveis e podem apresentar indícios para novos argumentos, é conveniente que o sistema de regras se submeta periodicamente a revisão. Daí a discussão também de filmes biográficos serem interessantes porque mostram histórias de pessoas, suas vidas, e como essas pessoas vão se desenvolvendo e se modificando ao longo do tempo, e, consequentemente, mudando também seus valores.

Filmes como *Meu pé esquerdo* (*My Left Foot: The Story of Christy Brown*), da Fox Films, de 1989, *Uma mente brilhante* (*A Beautiful Mind*), da Paramount Pictures, de 2001, *O discurso do rei* (*King's Speech*), da Paris Filmes, de 2010, *127 horas* (*127 Hours*), da Fox Searchlight Pictures, de 2010, *Um sonho possível* (*The Blind Side*), da Warner Home Video, de

---

[3] Neste filme, o contexto é de uma escola para crianças superdotadas do Prof. Xavier — a metáfora é boa: as crianças e jovens têm várias habilidades, mas precisam ir para a escola para "trabalhar" essas habilidades, torná-las possíveis de convivência, num ambiente que inclui e acolhe o diferente. O tema das diferenças e desigualdades é abordado de forma bem atraente.

2009 — filmes sem restrição —, falam de histórias de superação e aprendizados significativos. As crianças e os adolescentes podem tomar como modelos expressivos algumas dessas trajetórias verídicas. Com este tipo de material, os alunos tomam consciência de sua autonomia moral, posto que podem discutir as normas preestabelecidas ao mesmo tempo que adquirem consciência de sua relação com o contexto da escola.

c) A *atividade educativa com filmes e histórias deverá ser dirigida para a promoção do diálogo moral*:

A vida em sociedade na busca pelo bem comum procurou estabelecer um procedimento que, em respeito à autonomia, à consciência e à responsabilidade de cada um, atendesse aos interesses e direitos dos outros. Como um procedimento intersubjetivo, de acordo com Escamez Sanchez (1996), deve estar a serviço dos valores, interesses e pontos de vista de todos aqueles que possam ser afetados pelo problema em questão. Esse procedimento é o diálogo moral: um critério respeitoso com os indivíduos e com a coletividade, assim como um critério adequado para orientar a reflexão moral de maneira justa e solidária.

O diálogo em si é considerado como o princípio procedimental mais relevante da filosofia moral contemporânea e da educação moral, segundo Abbagnano (1999). A razão disso reside no fato de que não só o diálogo permite conhecer os pontos de vista de todos os afetados e os confrontar moralmente uns com os outros, como também possibilita a busca de normas de convivência que sejam mais adequadas para o respeito dos direitos de todos. Na educação moral, o diálogo é considerado o elemento central para provocar o conflito cognitivo que conduza o aluno a um estágio moral superior, ou seja, desenvolver-se eticamente. Para se obter tal diálogo é conveniente, antes de tudo, apresentar uma situação na qual se desencadeie um conflito de valores morais percebido pelos alunos, ou seja, um dilema moral porque oferece a possibilidade de se trabalhar com alternativas, na avaliação do que seja justo fazer. Ora, como fazer isso num trabalho com o grupo se não de forma simbólica? Valorar e julgar as possíveis alternativas de um dilema real sem que o grupo esteja preparado pode causar tensão e estagnar o processo de amadurecimento. Com as narrativas de filmes e histórias da literatura isso se dá naturalmente pelas identificações. Filmes como *Homem-Aranha (Spiderman)* 1, 2 e 3, da Columbia Pictures/Marvel Films, iniciando em 2002, e depois as sequências, em 2004 e 2007, *Batman Begins*, da Warner Bros, de 2005, *Batman — o Cavaleiro das Trevas (The Dark Knight)*, da Warner Bros, de 2008, *A lista de Schindler (Schindler's List)*, da Universal Pictures, de 1993, *O senhor das moscas (Lord of the Flies)*, da Fox Home Entertainment, de 1990, *Juno*, da Paris Filmes, de 2007 — filmes recomendados a partir da pré-adolescência —, trazem, todos eles, dilemas muito interessantes de serem trabalhados. Uma atividade desta feita em sala de aula não demanda grandes alterações no programa nem necessita de materiais especiais. Basta o filme, livro ou gibi, porque todo o trabalho é reflexivo.

É importante que se constate que os alunos tenham compreendido o conflito de valores morais do protagonista e onde está o problema central. Para tal, o professor deverá, após a transmissão do filme, abrir uma roda de conversa para as manifestações das impressões, de forma espontânea e informal, ou preparar a atenção para o conflito antes da transmissão. Depois, sim, pode organizar pequenos grupos a partir da mesma opção para que se comparem argumentos de um grupo com outro e se enumerem as razões selecionadas.

Depois das discussões dos grupos, estabelecer-se-ia um diálogo geral no qual os porta-vozes dos grupos se manifestariam. Basicamente, é fazer com que cada um tenha oportunidade de apresentar seu ponto de vista.

Berkowitz (1985) afirma que para se produzir um verdadeiro diálogo moral deve-se seguir determinadas condições: o ponto de vista que se defende tem de ser balizado por considerações lógicas; que se analisem suas consequências para ter presente o que esta concepção afeta aos demais; que se respeitem os direitos de todos igualmente; que seja uma escolha aceita por todo o grupo, como, por exemplo, a própria escolha do filme a ser debatido. No final, pode-se solicitar aos alunos que, a partir da reflexão do conflito e dos argumentos apresentados, refaçam a cena final — de maneira oral ou com uma vivência — numa perspectiva moralmente adequada ao consenso de todos.

d) A *atividade educativa com filmes e histórias deverá ser dirigida para promover uma atitude moral:*
Entende-se por atitude, em geral, a predisposição avaliativo-afetiva para com um objeto social; por atitude moral, a predisposição de uma pessoa em buscar uma norma moral correta e, portanto, sua predisposição favorável a dar e escutar todos os argumentos para que essa busca seja efetiva (ESCAMEZ e ORTEGA, 1993).

Para tal, não podemos negligenciar o respeito, o cuidado e o compromisso pessoal. Não podemos esquecer a dimensão afetiva, pois, do contrário, não atenderemos aos autênticos interesses das pessoas, e permitiremos que estas sejam tratadas como objetos e não como sujeitos vitalmente afetados.

O que pode ser proposto é que cada um dos alunos perceba quanto a sua opção moral repercute e afeta o seu colega, e vice-

-versa. Por isso, as escolhas e manifestações de valores devem ser exaustivamente discutidas. Há uma questão aqui que nos cabe ressaltar. Além das opções que devem e podem ser manifestadas, se acreditamos que a moral depende também dos aspectos afetivos presentes nela, deveremos, como professores, abrir espaços em nossas aulas para o trabalho com sentimentos. Em outras palavras, será preciso também acostumar os alunos a falarem sobre os sentimentos dos personagens (como no jogo Cara ou Coroa, descrito por Tognetta em 2009) e sobre os próprios sentimentos em diferentes situações (como nos jogos organizados por Tognetta em 2003 e 2009). Ressaltamos que há uma grande preocupação com relação a como os professores conduzirão essa prática de expressar sentimentos na escola, pois há critérios que precisam ser levados em conta para garantir que haja um limite à intimidade das crianças. Assim, quando falam sobre personagens, os sentimentos destes podem ser explicitados coletivamente, contudo, essa mesma prática não pode ser aplicada quando se trata de falar sobre os próprios sentimentos. É preciso que se tenham espaços para que as crianças possam escolher falar sobre si ou não, e essa questão deve ser ainda melhor estudada para que as crianças possam construir o que chamamos de "fronteira natural da intimidade", a fim de se tornarem pessoas equilibradas.

Esses tipos de materiais ou filmes escolhidos com este propósito fazem com que cada um possa se colocar no lugar do outro, desenvolvendo a empatia. Colocar-se no lugar do outro, sendo sensibilizado pelo seu próprio mal-estar ético, é necessário e fundamental para educar moralmente, porém os professores de maneira geral sentem-se muito constrangidos — ou impotentes — em criar situações para que essas manifestações ocorram. Então, podem lançar mão da narrativa do filme, que é perfeita para essas ocasiões: a identificação com os protagonistas surge naturalmente, a motivação para discutir a história, se esta for envolvente, partirá dos próprios alunos que, empatizados, promoverão o debate. Uma vez que os alunos, principalmente os adolescentes, não encontram com frequência em seu cotidiano familiar e escolar modelos significativos reais de dignidade e justiça, nos filmes poderão encontrá-los facilmente. Livros e filmes como *Harry Potter*, que desde o lançamento de *A Pedra Filosofal*, em 2000, e do filme da Warner Bros em 2001, e toda a sequência da saga[4] até este ano, com o final da série de filmes, têm proporcionado verdadeiros ensinamentos de virtudes, de amizade e de valores significativos para a construção da dignidade. E também *A rede social* (*The Social Network*), da Columbia Pictures/Sony Pictures Entertainment, de 2010, *A fantástica fábrica de chocolate* (*Charlie and the Chocolate Factory*), da Warner Bros, de 2005, e o livro com o mesmo nome de Dahl (2000), e qualquer outro filme que aborde a luta do Bem e do Mal, são bons para modelos de virtudes de coragem e tolerância. E mais: com essas histórias, crianças e adolescentes perceberão que seus conflitos e dificuldades podem ser muito semelhantes à problemática dos personagens, o que os ajudará nas elaborações dos problemas.

e) *A atividade educativa com filmes e histórias deverá promover a reflexão dos alunos sobre os posicionamentos éticos:*

A autonomia moral está na base de tudo que abordamos até agora, sendo a finalidade última da educação em valores, para

---

[4] Filmes: *Harry Potter e a Pedra Filosofal*, de 2001; *Harry Potter e a Câmara Secreta*, de 2002; *Harry Potter e o prisioneiro de Azkaban*, de 2004; *Harry Potter e o Cálice de Fogo*, de 2005; *Harry Potter e a Ordem da Fênix*, de 2007; *Harry Potter e o enigma do Príncipe*, de 2009; *Harry Potter e as Relíquias da Morte* — parte 1, de 2010, e parte 2, de 2011. Todos pela Warner Bros Pictures. Os livros, com os mesmos nomes, foram publicados no Brasil pela Rocco.

que cada aluno possa decidir qual a melhor regra a seguir em situações conflitivas apresentadas pelas narrativas.

A condução da atividade despertará nos alunos a seguinte questão: *Qual é o princípio, ou princípios, moral com o qual justifico minha opinião?* A resposta a esta pergunta implica na tomada de consciência sobre seus interesses e sobre seus princípios. É conveniente convidar os alunos a refletir sobre suas argumentações, razões adotadas, pontos de vista morais com base na justiça ou com base na defesa de suas posições, opções que apresentam a possibilidade de obterem maiores vantagens ou não. É sempre bom, também, pedir que os alunos reflitam se houve mudanças nos princípios morais que tinham como estabelecidos, ou se houve mudanças em suas formas de ver o mundo e compreender os fenômenos.

Um filme excelente para a discussão desse posicionamento ético é *Sommersby* — *O retorno de um estranho* (*Sommersby*), da Warner Home Video, de 1993 — para o público adolescente —, pois o protagonista cria uma situação de falsa identidade que gera um enredo interessante e um final inesperado. Ou também *O labirinto do fauno* (*El Laberinto Del Fauno*), da Warner Bros, de 2006, que, mesmo tratando a trama de forma simbólica, aborda questões éticas muito relevantes.

f) A atividade educativa com filmes e histórias deverá ser orientada para a ação moral:
Se a educação moral tem como objetivo a formação de pessoas que possam conduzir moralmente suas vidas segundo critérios universais de justiça e solidariedade, relembramos as ideias de Aristóteles (CIVITA, 1973), que insiste não ser funda-

mental o conhecimento da virtude, mas, sim, que o sujeito seja virtuoso, isto é, que atue virtuosamente.

Já ouvimos algumas vezes a pergunta socrática a respeito de ser possível ensinar a virtude, ou melhor, se é possível ensinar às pessoas que sejam mais "morais", porque, de acordo com o prof. Yves de La Taille em suas aulas na USP:

> As pessoas que mais sabem sobre moral e ética nem sempre são as que atuam de forma moralmente adequada, assim como os alunos que dão argumentos mais pertinentes sobre o que se deve fazer diante de uma determinada situação conflitiva nem sempre atuam segundo esses argumentos. Isto comprova que, de certa forma, somente a compreensão dos princípios morais e éticos socialmente aceitos é insuficiente para formar pessoas morais, pois a atividade educativa deverá ir além disso, preocupando-se também com procedimentos que possibilitem aos alunos colocar em prática o que é o *dever fazer*.

Um procedimento para orientar a ação moral poderia ser a interpretação de uma situação complexa: inicialmente identificar com clareza o conflito, pensar nas decisões sobre o que deve ser feito, estabelecer conexões com a realidade, emitir juízos sobre o problema em questão. Filmes ambientados em tribunais, ou que de alguma forma trazem plenárias ou julgamentos, são muito bons para tal, pois podem, além de assistidos, ser encenados pelos alunos. Exemplo de filme desta categoria é *Filadélfia (Philadelphia)*, da Sony Pictures, de 1993 ou *Questão de honra (A Few Good Men)*, da Sony Pictures, de 1992, cujo título já traz um conceito ético que se deve perseguir: a honra.

CONCLUINDO...

O objetivo central da educação, retomando Puig (2007), é otimizar o crescimento dos educandos e sua adaptação crítica ao meio. É justamente a natureza desse fenômeno que constitui a gênese da moral: as pessoas se veem compelidas a decidir como desejam viver em relação ao espaço natural, às criações humanas, aos outros, às instituições e também em relação a si próprias.

É nesse ponto que a educação em geral e a educação moral se tornam indissociáveis, pois melhorar o crescimento dos alunos implica dar sentido e direção a essa organização. Para que todo processo educativo aconteça num contexto ético, as histórias infantis e a discussão de filmes podem ser os instrumentos que contribuam para a formação moral de todos.

SOBRE A AUTORA

DENISE D'AUREA-TARDELI é professora doutora em Psicologia Escolar e Desenvolvimento Humano; pesquisadora na área da Psicologia e Moralidade; membro do Gepem — Grupo de Estudos em Psicologia e Educação Moral; professora da Universidade Católica de Santos e da Universidade Metodista de São Paulo.

REFERÊNCIAS

ABBAGNANO, N. *Dicionário de Filosofia*. São Paulo: Martins Fontes, 1999.

BERKOWITZ, M. W. "The role of discussion in moral education." In: BERKOWITZ, M. W.; OSER, F. (orgs.). *Moral Education: Theory and Application*. New Jersey: LEA, 1985, p. 197-218.

BUXARRAIS, M. R.; MARTÍNEZ, M.; PUIG, J. M.; TRILLAS, J. *La educación moral en primaria y en secundaria — Una experiencia española*. Espanha: Coordinación Editorial de la Biblioteca del Normalista, 1997.

CIVITA, V. *Os Pensadores — Aristóteles*. São Paulo: Abril Cultural, 1973.

D'AUREA-TARDELI, D. *O herói na sala de aula — Práticas morais para a utilização de filmes pelo professor de Ensino Fundamental e Médio*. Santos: Leopoldianum Universitária, 2010.

DAHL, R. *A Fantástica Fábrica de Chocolate*. São Paulo: Martins Editora, 2000.

ESCAMEZ SANCHEZ, J. "Una propuesta de educación en valores morales en el nivel de secundaria." *Revista Interuniversitaria de Formación del Profesorado*, nº 25, 1996, p. 21-35.

ESCAMEZ, J.; ORTEGA, P. *La enseñanza de actitudes y valores*. Valencia: Nau Llibres, 1993.

PIAGET, J. *O nascimento da inteligência na criança*. Rio de Janeiro: Guanabara, 1987.

PUIG, J. M. *Práticas morais — Uma abordagem sociocultural da educação moral*. São Paulo: Moderna, 2004.

_____. "Aprender a viver." In: AMORIM, V. A. (org.). *Educação e valores*. Coleção Pontos e Contrapontos. São Paulo: Summus, 2007.

ROWLING, J. K. *Harry Potter e a Pedra Filosofal*. Tradução de Lia Wyler. Rio de Janeiro: Rocco, 2000.

_____. *Harry Potter e a Câmara Secreta*. Tradução de Lia Wyler. Rio de Janeiro: Rocco, 2000.

_____. *Harry Potter e o prisioneiro de Azkaban*. Tradução de Lia Wyler. Rio de Janeiro: Rocco, 2000.

_____. *Harry Potter e o Cálice de Fogo*. Tradução de Lia Wyler. Rio de Janeiro: Rocco, 2001.

_____. *Harry Potter e a Ordem da Fênix*. Tradução de Lia Wyler. Rio de Janeiro: Rocco, 2003.

_____. *Harry Potter e o enigma do Príncipe*. Tradução de Lia Wyler. Rio de Janeiro: Rocco, 2005.

_____. *Harry Potter e as Relíquias da Morte*. Tradução de Lia Wyler. Rio de Janeiro: Rocco, 2007.

SNICKET, L. *Desventuras em Série*. Coleção. São Paulo: Companhia das Letras, 2005/2006.

TOGNETTA, L. R. P. *A construção da solidariedade e a educação do sentimento na escola*. Campinas: Mercado de Letras, Fapesp, 2003.

_____. *A formação da personalidade ética: estratégias de trabalho com afetividade na escola*. Campinas: Mercado de Letras, 2009.

FILMOGRAFIA

127 HORAS (127 HOURS). Direção: Danny Boyle. Drama. EUA: Fox Searchlight Pictures, 2010 (93 min).

A FANTÁSTICA FÁBRICA DE CHOCOLATE (CHARLIE AND THE CHOCOLATE FACTORY). Direção: Tim Burton. Aventura. EUA: Warner Bros, 2005. 1 DVD (115 min).

A LISTA DE SCHINDLER (SCHINDLER'S LIST). Direção: Steven Spielberg. Drama. EUA: Universal Pictures, 1993. 1 DVD (194 min).

A REDE SOCIAL (THE SOCIAL NETWORK). Direção: David Fincher. Drama. EUA: Columbia Pictures/Sony Pictures Entertainment, 2010. 1 DVD (117 min).

A ONDA (DIE WELLE). Direção: Von Dennis Gansel. Drama. Alemanha: Constantin Film Produktion, 2008. 1 DVD (107 min).

A VOZ DO CORAÇÃO (LES CHORISTES). Direção: Christophe Barratier. Drama. França: PlayArte Pictures, 2004. 1 DVD (95 min).

BATMAN BEGINS (BATMAN BEGINS). Direção: Christopher Nolan. Aventura. EUA: Warner Bros, 2005. 1 DVD (140 min).

BATMAN — O CAVALEIRO DAS TREVAS (THE DARK KNIGHT). Direção: Christopher Nolan. Aventura. EUA: Warner Bros, 2008. 1 DVD (152 min).

DESEJO E REPARAÇÃO (ATONEMENT). Direção: Joe Wright. Drama. Inglaterra: Focus Features, 2007. 1 DVD (130 min).

DESVENTURAS EM SÉRIE (LEMONY SNICKT'S — A SERIES OF UNFORTUNATE EVENTS). Direção: Brad Silberling. Comédia. EUA: Paramount Pictures/UIP, 2004. 1 DVD (113 min).

DÚVIDA (DOUBT). Direção: John Patrick Shanley. Drama. EUA: Disney Buena Vista, 2008. 1 DVD (105 min.).

ESCRITORES DA LIBERDADE (FREEDOM WRITERS). Direção: Richard LaGravanese. Drama. EUA: Paramount Pictures, 2007. 1 DVD (122 min).

FILADÉLFIA (PHILADELPHIA). Direção: Jonathan Demme. Drama. EUA: Sony Pictures, 1993. 1 DVD (125 min).

HOMEM-ARANHA (SPIDERMAN) 1, 2, 3. Direção dos três filmes: Sam Raimi. EUA: Columbia Pictures/Marvel Films, 2002, 2004, 2007. 3 DVDs (121 min, 127 min, 139min).

JUNO (JUNO). DIREÇÃO: Jason Reitman. Comédia/Drama. EUA: Paris Filmes, 2007. 1 DVD (92 min).

MEU PÉ ESQUERDO (MY LEFT FOOT: THE STORY OF CHRISTY BROWN). Direção: Jim Sheridan. Drama. Irlanda: Fox Films, 1989. 1 DVD (103 min).

O DISCURSO DO REI (THE KING'S SPEECH). Direção: Tom Hooper. Drama. Reino Unido: Paris Filmes, 2010. 1 DVD (118 min).

O LABIRINTO DO FAUNO (EL LABERINTO DEL FAUNO). Direção: Guillermo del Toro. Drama. Espanha/EUA: Warner Bros, 2006. 1 DVD (117 min).

O LEITOR (THE READER). Direção: Stephen Daldry. Drama. EUA: Imagem Filmes, 2008. 1 DVD (113 min).

O SENHOR DAS MOSCAS (LORD OF THE FLIES). Direção: Harry Hooker. Drama. EUA: Fox Home Entertainment, 1990. 1 DVD (90 min).

QUESTÃO DE HONRA (A FEW GOOD MEN). Direção: Rob Reiner. Drama. EUA: Sony Pictures, 1992. 1 DVD (132 min).

SHERLOCK HOLMES (SHERLOCK HOLMES). Direção: Guy Ritchie. Aventura. EUA: Warner Bros, 2009. 1 DVD (128 min).

SOCIEDADE DOS POETAS MORTOS (DEAD POETS SOCIETY). Direção: Peter Weir. Drama. EUA: Buena Vista Home Entertainment, 1989. 1 DVD (129 min).

SOMMERSBY — O RETORNO DE UM ESTRANHO (SOMMERSBY). Direção: Jon Amiel. Drama. EUA: Warner Home Video, 1993. 1 DVD (113 min).

UM SONHO POSSÍVEL (THE BLIND SIDE). Direção: John Lee Hancock. Drama. EUA: Warner Bros, 2009. 1 DVD (128 min).

UMA MENTE BRILHANTE (A BEAUTIFUL MIND). Direção: Ron Howard. Drama. EUA: Paramount Pictures, 2001. 1 DVD (135 min).

X-MEN (X-MEN). Direção: Bryan Singer. Aventura /Ficção. EUA: 20th Century Fox/Marvel Films, 2000. 1 DVD (100 min).

Capítulo 7

A educação sozinha não transforma a sociedade, sem ela tampouco a sociedade muda.

Paulo Freire

Gestão dos conflitos pela comunidade educativa
Parceria escola-família

DE QUEM É A TAREFA DE EDUCAR MORALMENTE?

A comunidade educativa na gerência da violência na escola

SANDRA CRISTINA DE CARVALHO DEDESCHI
LÍVIA MARIA SILVA LICCIARDI

A QUESTÃO apresentada no título nos deixa clara a necessidade da educação moral nos dias de hoje. Diante de nossa sociedade cada vez mais individualista, dos grandes problemas ambientais e políticos que enfrentamos, da complexidade das relações sociais, dos novos desafios surgidos com o progresso da ciência, os seres humanos sentem-se cada vez mais desorientados, questionando não só seus saberes, como também seus valores. Esse sentimento de desamparo e até de descrença na possibilidade de mudança social acomete toda a comunidade escolar (GOERGEN, 2007). A escola não pode esquivar-se de olhar para como a sociedade pós-moderna se apresenta nem negligenciar as demandas de sua clientela. Além de as regras e os valores morais estarem em crise na contemporaneidade, que por si só já seria razão de debate no meio educacional, há outro motivo não menos importante para que o tema seja considerado pelos educadores: o fato de que os valores são transmitidos por meio dos conteúdos trabalhados, da metodologia empregada, das formas de avaliação, dos relacionamentos interpessoais, das regras contidas nos regimentos e da gestão escolar. Desse modo, pretendemos discutir como a gestão da comunidade educativa pode contribuir para a diminuição da violência, dando destaque para o relacionamento da escola com a família.

Para compreendermos como a escola pode atuar frente ao fenômeno da violência, faz-se necessário primeiro compreendê-la. No entanto, segundo Pacheco (2008), por essa manifestação ter um caráter polissêmico, pode manifestar-se e caracterizar-se de variadas formas. Aponta ainda para o fato de que geralmente tem seu significado associado às ideias de: violação, agressão, desordem, transgressão de limites. Uma violência pode relacionar-se ao campo físico ou moral, sendo este último muitas vezes negligenciado por não ser tão evidente se manifestado sob a forma de exclusão e de coação. Muitas vezes, os próprios educadores incitam-na por meio da linguagem utilizada quando se dirigem aos alunos, da imposição de conteúdos sem significação, do emprego de metodologias que não consideram o desenvolvimento integral do aluno, do não olhar do adulto para os conflitos entre pares e necessidades do educando, bem como da retirada do direito à expressão e à participação. Nas palavras da autora:

> Ao se discutir a violência, faz-se necessário ter como suporte três princípios — ela gera a exclusão, é sintoma da exclusão e é lugar onde ocorre a exclusão. Diante disso, percebo que o não pertencimento, a desafiliação e o desenraizamento da sociedade característicos da exclusão se entrelaçam na constituição da violência (ibid., p. 133).

Se a exclusão e o não pertencimento são elementos imbricados na violência, sendo ao mesmo tempo causa e sintoma, podemos inferir que a promoção da inclusão seria um dos remédios para o problema. Mas como proporcionar a participação, o envolvimento da comunidade escolar?

Diversos autores têm defendido a ideia de que a gestão escolar democrática tem a responsabilidade de promover a melhoria da qualidade do ensino, transmitindo os conhecimentos historicamente acumulados (PARO, 1999), bem como favorecendo a construção da cidadania, compreendida como participação política na sociedade. Podemos indagar ainda: Como viver numa sociedade democrática se a escola atual não favorece a participação? E a que tipo de atuação estamos nos referindo?

O envolvimento da comunidade educativa na gestão da escola significa que o grupo deve participar da definição dos problemas que afligem a instituição, da consecução dos objetivos, da elaboração do plano de ação, da execução e, por fim, da avaliação. Estando de fato engajada em todos esses diferentes aspectos da gestão escolar, a comunidade tem a oportunidade de desenvolver sua consciência crítica, de lutar pela melhoria da qualidade do ensino e de empenhar-se na luta por novos e melhores recursos estruturais e pedagógicos. Porém, apesar de a democracia ser um princípio defendido pela Lei de Diretrizes e Bases da Educação Nacional e de o Ministério da Educação orientar as escolas na implantação da gestão colegiada, por meio dos Conselhos Escolares, vê-se que muitas vezes as políticas públicas não favorecem a autonomia da escola ao delegá-la apenas formalmente (MONFREDINI, 2002). O que geralmente se constata é que os sistemas de ensino impõem um rígido controle burocrático da escola e obrigam a instituição a elaborar o Projeto Político Pedagógico (PPP), com data e horário marcados para serem concluídos e entregues às instâncias superiores. Porém, essa autora crê que a autonomia da escola pode ser construída a partir das tensões criadas na relação com os limites organizacionais.

Além dos fatores políticos, outros elementos podem interferir na consecução de uma gestão democrática, e eles estão ligados à própria escola. Paro (2006) denomina-os como quatro condicionantes: os internos — como as condições de trabalho, os ideológicos de participação, os institucionais e os político--sociais. Para os efeitos deste capítulo, interessa-nos comentar os condicionantes ideológicos de participação, pois se referem à visão que a escola tem a respeito da sua comunidade.

Ao investigar a gestão em uma instituição da periferia da Zona Oeste da cidade de São Paulo, por meio de entrevistas e observações, esse pesquisador constatou que professores e diretores concebiam os pais e os alunos como pessoas com muitas carências, que os genitores, na maioria das vezes, não se interessavam pelo desempenho dos filhos e que boa parte deles era agressiva com os funcionários da escola. Esse tipo de concepção levava os gestores a adotar uma posição paternalista, ou de imposição, ou, ainda, de quem suportava a situação. Nenhuma dessas maneiras de agir contribui para o desenvolvimento da autonomia, para a formação do sentimento de pertencimento, muito menos para a diminuição da violência escolar. Gonçalves e Sposito (2002) defendem que a participação da comunidade escolar é um fator importante que contribui para a redução desse problema. Segundo os autores:

> No caso da cidade de São Paulo e de Belo Horizonte, tomaram-se medidas para abrir as escolas à comunida-

de. Verificou-se que, em muitos casos, tal procedimento redundou na redução da violência escolar. Mas portões abertos à comunidade não significam necessariamente alteração dos padrões das interações escolares. O sucesso das iniciativas baseadas na proposta de uma gestão democrática, envolvendo pais, alunos e moradores de bairros de periferia depende amplamente das condições locais: estabelecimentos de ensino já mobilizados absorveram melhor os efeitos possíveis das ações indutoras de projetos (p. 134).

A simples abertura dos portões da escola de fato não garante que as relações interpessoais vivenciadas se tornem melhores e que o sentimento de exclusão experimentado pelos alunos se dissipe. Segundo Sposito (2001), a violência no ambiente escolar é resultado, também, da descrença dos jovens em relação à possibilidade de mobilidade social que antes acreditavam ser garantida pela educação formal. Se, atualmente, muitos discentes compreendem que o único sentido que veem na instituição educativa é o encontro com seus pares, sabemos que esse tipo de relacionamento não é favorecido nem valorizado pelos docentes. Urge, segundo a autora, redimensionar a atuação pedagógica, inserindo uma conotação democrática, de modo que se construam novas possibilidades para o futuro de seus alunos.

Outro "condicionante ideológico da participação", segundo Paro (2006), é a concepção de participação adotada pela escola. Com frequência, a instituição educativa concebe que o envolvimento dos pais deve ser expresso somente por meio da contribuição, financeira ou com mão de obra — como pintar os muros, consertar algo que não funcione a contento, auxiliar em festas, uma vez que eles não teriam condições de opinar sobre os aspectos pedagógicos. Ainda assim, quando concebida como execução, muitos funcionários veem a atuação dos pais como uma interferência em suas atividades, uma vez que acreditam que estarão vigiando, interrompendo e atrapalhando o trabalho pedagógico. Consideramos que compreender a participação dessa maneira é encarar a gestão democrática de modo reducionista. A comunidade escolar tem o direito de exercer sua cidadania por meio do acompanhamento e do controle dos órgãos públicos; aliás, esse tipo de atuação é necessário para a efetivação da democracia social. A gestão democrática da escola pública pode ser exercida por meio de diferentes mecanismos, como a construção do PPP, a formação dos Conselhos Escolares, dos Grêmios Estudantis e da Associação de Pais e Mestres, reconhecendo que em todos eles a família deve estar envolvida, com exceção dos Grêmios, que são órgãos exclusivamente formados por alunos.

Gostaríamos de comentar rapidamente de que se trata o Projeto Político Pedagógico, uma vez que é um documento que expressa a missão, os valores, os objetivos, as ações que a escola deve colocar em prática para atingir seu fim, assim como os mecanismos de avaliação do cumprimento das metas traçadas. Se ele efetivamente espelhar os valores e objetivos da comunidade escolar, pode ser um importante veículo para a minimização da violência nesse ambiente porque ajudaria a superar a falta de sentido e a exclusão percebida pelos alunos em relação à escola. O processo de elaboração desse documento deve ser baseado no diálogo e na problematização, bem como na participação de toda a comunidade educativa: alunos, pais, professores, funcionários e equipe gestora. O primeiro passo para sua concretização é a elaboração do marco referencial (VASCONCELOS, 2004), que se constitui nos valores, missão e visão de mundo dessa comunidade. A partir daí, levantam-se as necessidades e os problemas da escola e as ações necessárias para a satisfação dessas necessidades. Infelizmente, esse importante elemento de transformação da escola tem sido utilizado, não raro, como apenas mais uma exigência burocrática. Os educadores ainda não o veem como um importante espaço de diálogo e problematização da realidade escolar, engavetando-o ao término de sua elaboração. Muitas vezes, esse documento só é revisto quando as secretarias municipais e/ou estaduais exigem. Isso significa que os educadores em geral, gestores e professores, não compreenderam a importância e a necessidade da participação da comunidade escolar e a relação entre essa participação e os fins últimos da educação. Em razão disso, a importante parceria entre a escola e a família, que poderia ser construída, também, por meio da elaboração desse projeto, fica empobrecida por uma visão de participação reducionista e equivocada. Cabe, agora, uma reflexão mais aprofundada de como a escola vem estabelecendo a relação com a família de seus alunos e as consequências dessa relação para a violência dentro e fora da escola.

PARCERIA ENTRE ESCOLA E FAMÍLIA: ALGUMAS REFLEXÕES SOBRE ESSA RELAÇÃO

Discursos sobre a relevância de parceria entre escola e família vêm sendo constantemente proferidos na comunidade educativa; no entanto, um primeiro ponto que merece ser discutido é a concepção da escola e do seu real significado.

Como já mencionado anteriormente, a crença geralmente demonstrada pelos educadores limita-se à ideia de que ter os pais como parceiros é contar com sua ajuda e cobrança para a realização de tarefas de casa, auxílio na organização dos eventos, presença nas reuniões periódicas. É necessário considerar que nossas crenças são representações internas acerca de determinado aspecto da realidade, tornando-se proveitosas ou equivocadas (GARCÍA e PUIG, 2010). Aquilo em que acreditamos pode influenciar ou até determinar nossos comportamentos. Para os autores,

> agimos segundo aquilo em que acreditamos. É exatamente por isso que vale a pena prestar atenção especial à regulação das crenças. E, no nosso caso, ao controle das crenças que temos a respeito do envolvimento da família na educação dos filhos (ibid., p. 61).

Numa perspectiva semelhante, Paro (2007) refere-se à crença presente no discurso de professores de que a desestrutura familiar dificulta a participação dos pais na vida escolar dos filhos. Todavia, concordamos que essa representação parece não ter comprovação; muito pelo contrário, estudos mostram uma realidade divergente (PARO, 2007; RIBEIRO e ANDRADE, 2006; DEDESCHI, 2011). Constatamos que os responsáveis, mesmo não tendo conhecimento do que podem fazer para auxiliar no desenvolvimento dos educandos, legitimam as informações fornecidas pelos professores. À medida que tomam providências, em casa demonstram validar o que a escola pensa a respeito de seus filhos.

O conceito de parceria está muito aquém dessa visão reducionista, nos parecendo indispensável promover reflexões a partir das representações dos educadores a respeito do tema, para que, posteriormente, possam favorecer a participação e o envolvimento dos pais. Entretanto, o que se entende por parceria?

Segundo Foerste (2005), discussões a respeito da origem de parceria destacam que sua ideia inicial foi retirada do processo produtivo rural, passando por adaptações significativas até vir a ser utilizada no campo da formação humana. Suas primeiras experiências na história da humanidade foram vivenciadas ainda no período feudal, servindo como meio de resolução de problemas sociais e econômicos que necessitavam da união de esforços de diferentes setores da sociedade. No Brasil, começou a ser utilizada na segunda metade do século XIX, durante a crise latifundiária. Na área educacional, foi tema central de um colóquio realizado na França, em 1993. Todavia, não se tem conhecimento do emprego do termo "parceria" já naquele encontro. Verificamos que, apesar de ser uma prática de certa forma antiga, ainda existe dificuldade para chegar à conclusão de sua definição. Conforme o significado legitimado pelo autor:

> A parceria como é desenvolvida mais recentemente, num sentido bastante genérico, sempre envolve instituições e/ou indivíduos que se agregam de forma voluntária para desenvolver objetivos comuns, estabelecendo negociações coletivas com partilha de compromissos e responsabilidades entre si (FOERSTE, 2005, p. 70).

Tal ideia parece favorável ao ideal de parceria entre família e escola, uma vez que ambas almejam um mesmo objetivo: promover a educação e a socialização dos educandos. É necessário compreender a relevância de uma interdependência entre seus agentes institucionais integrando seus interesses em comum. Ressaltamos, ainda, a relevância do respeito ao que é diferenciado ou específico de cada uma das partes envolvidas, pressupondo um exercício de constante reflexão.

Conforme a definição anterior, compreende-se que parceria não é sinônimo de transferência de responsabilidades.

Apontamos para o fato de que a escola precisa reconhecer o que lhe cabe e o que cabe à família, pois somente dessa maneira conseguirá rever sua práxis pedagógica e buscar relações mais amistosas e produtivas com os pais dos alunos, o que favorecerá a gestão.

Em primeiro lugar, gostaríamos de refletir sobre o papel da família. Para Savater (2005), é por meio dela, ou pelo menos deveria ser, que a criança aprende atitudes fundamentais que pouco a pouco a fazem diferenciar o que é bom ou ruim, de acordo com a comunidade em que está inserida. Essa socialização primária transforma o indivíduo em um integrante da sociedade de acordo com o padrão por ela exigido. É no âmbito familiar que será vivenciado o espaço privado, em que as relações são assimétricas e os papéis se conservam, ou seja, a mãe nunca deixará de ser a mãe, assim como o pai não deixará de ser pai, e assim por diante. Portanto, a educação informal do sujeito começa desde que nasce e aos poucos se amplia à medida que estabelece relações com as demais pessoas com as quais convive em casa.

É notório que as ações familiares são indispensáveis no início da vida, mas não suficientes, tornando-se imprescindível a interação em outros espaços, principalmente a escola, que promoverá o envolvimento no espaço coletivo. Por favorecer o desenvolvimento da vivência em grupo, essa outra instituição, formalmente responsável pela educação em nossa sociedade, contribuirá para a passagem do âmbito privado para o público. Nessa nova forma de convivência, as atitudes vão interferir diretamente em suas relações, podendo causar rupturas e reorganizações, promovendo ou não a cooperação. Quando um aluno, por exemplo, mente para um colega, corre o risco de que aquele que foi enganado não queira mais manter o mesmo tipo de relação com ele pelo fato de que faltou com a verdade. Por meio dessa socialização secundária, que consiste no ensino dos conhecimentos e dos valores culturais, as crianças e os jovens têm a oportunidade de estabelecer relações com seus pares, de perceber a necessidade das regras, de se preocupar com o bem comum. Assim, nota-se que, apesar de complementares, os papéis da família e da escola são divergentes e nem sempre os profissionais dessa última refletem sobre esta questão, havendo frequentemente a terceirização dos problemas que ocorrem no espaço pedagógico para serem resolvidos pelos pais. E podemos inferir que os conflitos que surgem a partir dessa nova forma de relacionamento necessitariam ser vistos como fenômenos pedagógicos a serem trabalhados pelos professores.

Compreendemos a necessidade de que cada instituição reconheça suas funções para que estabeleçam uma relação saudável e produtiva, em vez de despender energia com queixas e lamentos que visam somente identificar os culpados pelos fracassos na tarefa de educar, como verificado em estudo realizado por Malta Campos (2008). Diante da afirmação de que os pais prestam atenção suficiente às atividades escolares dos filhos, 80,7% dos 8.773 docentes entrevistados discordaram totalmente da ideia apresentada, comprovando a crença de que as famílias são culpadas pelo fracasso escolar. No entanto, a escola não pode se eximir, entre outras coisas, de sua tarefa educativa, inclusive no que diz respeito aos problemas de indisciplina. É preciso conscientizar-se de que mesmo quando o aluno vem de um ambiente familiar que não favoreça estímulos propícios ao desenvolvimento, poderá superar as adversidades de sua formação se tiver a oportunidade de vivenciar contextos que promovam um modelo educativo diferente (REGO, 1996).

É fato que quando a escola propicia um ambiente divergente do familiar, com outros tipos de interações sociais e com o conhecimento, tem um relevante papel, não se tratando de compensar as carências domésticas do sujeito. Muito pelo contrário, precisa oferecer oportunidades para que tenha acesso a informações e experiências diferenciadas das adversidades que experimenta em casa. As vivências num ambiente estimulador devem ser capazes de provocar desequilíbrios e desencadear o desenvolvimento global do aluno. Desse modo, Rego (1996) conclui que

> mais do que esperar a transformação das famílias ou de lamentar os traços comportamentais que cada aluno apresenta ao ingressar na escola, é necessário que os educadores concebam estes antecedentes como ponto de partida e, principalmente, façam uma análise profunda e consequente dos fatores responsáveis pela ocorrência da indisciplina na sala de aula (p. 100).

Assim, presa às crenças de que as famílias são desestruturadas e sem considerar a diversidade de configurações familiares da sociedade contemporânea, a escola muitas vezes vem deixando de cumprir seu papel. Identificamos que uma das dificuldades encontradas pela comunidade educativa em promover a parceria encontra-se no estabelecimento de uma comunicação eficaz com os responsáveis pelos alunos.

O interesse por compreender a comunicação presente na relação entre a escola e a família pode ser constatado em estudos na área educacional (GARCÍA, 2005; PARO, 2007; SILVEIRA e WAGNER, 2009). Considerando que pode acontecer em momentos informais, como na hora da entrada ou da saída, e em outros organizados com antecedência, é necessário refletir sobre seus objetivos a fim de que se realize um planejamento adequado para esses encontros. É fato que quando comunica algo aos pais a escola pode facilitar e promover o envolvimento com a família; entretanto, para Silveira e Wagner (2009), a troca de informações entre ambas parece ser objeto de controvérsias, podendo ser avaliada de maneira negativa quando utilizada para a intromissão na vida dos familiares, uma vez que poderá favorecer a circulação de conceitos, métodos e ideais que levem à modificação e ao afastamento de seus propósitos.

Uma prática utilizada pelos professores é o envio de bilhetes escritos para se comunicarem com os familiares. Baseando-se na ideia de que os pais devem ser informados a respeito da vida escolar dos alunos, a escola acaba transferindo os problemas que acontecem em seus domínios para que sejam resolvidos em casa. Esse quadro confirma a concepção tradicional dos educadores que consideram os conflitos algo negativo, atuando para evitar que aconteçam, e quando ocorrerem, sejam resolvidos de forma rápida por meio de mecanismos de coação, como castigos e censuras. Tal posicionamento evidencia que desconhecem formas mais construtivas de lidar com os problemas que surgem naturalmente nas relações estabelecidas no cotidiano.

O fato de a escola terceirizar os problemas para a família, sem esclarecer as intervenções realizadas em seus espaços, acaba promovendo implicações nas relações estabelecidas entre pais e filhos. O que geralmente ocorre é que os familiares recorrem aos recursos de que dispõem para resolver os conflitos dos quais os professores se queixam. Dedeschi e Vinha (2011), em estudo sobre as implicações de bilhetes enviados aos res-

DE QUEM É A TAREFA DE EDUCAR MORALMENTE?

ponsáveis, constataram a incidência de violência doméstica após o recebimento de uma mensagem redigida pelo professor. Entre os castigos presentes na fala dos estudantes entrevistados, as pesquisadoras verificaram quatro casos de crianças punidas de maneira considerada abusiva e exagerada, quando elas afirmaram permanecer viradas para uma parede ou ajoelhadas em grãos de milho ou feijão. Acreditamos que por não saber o que fazer para que seus filhos obedeçam, esses pais usam das estratégias que conhecem para mostrar-lhes o caminho correto a ser seguido.

O que sanções desse tipo poderiam acarretar para o desenvolvimento? O que ensinamos a elas? Esses adultos parecem desconhecer o fato de que estão mostrando às crianças que quando temos um problema podemos usar de força e violência para resolvê-los, reforçando a ideia de que devem obedecer à autoridade, sendo retirada qualquer oportunidade de refletir sobre suas atitudes. Ao receberem uma informação, os pais entendem que a escola espera que tomem providências e muitas vezes usam a violência como "corretivo". Estudos (AZEVEDO e GUERRA, 2001; 2006) apontam para o crescimento de formas de violência contra a criança e o adolescente, particularmente para o número de casos de agressão física na família e para as implicações que podem ser geradas ao agredido. Muitas vezes, além de sofrer com a violência, a criança ainda carrega a culpa por sentir-se merecedora da agressão sofrida. Sagim (2008) alerta que os traumas podem variar desde marcas físicas até emocionais e psicossociais, como tornarem-se pessoas agressivas e deprimidas, ocasionando sérios danos não só na sua infância, como também, posteriormente, na fase adulta.

A escola demonstra não ter habilidade para resolver os conflitos que ocorrem em seus domínios e acaba favorecendo a violência doméstica. Podemos inferir que um professor não espera que seus alunos sejam agredidos de maneira desmedida, porém continuam enviando bilhetes indiscriminadamente esperando que as famílias tomem providências. Por essa razão, acreditamos que possa ser corresponsabilizada pelas implicações geradas pela forma como se comunica para as relações entre pais e filhos, divergindo do que seria considerada uma verdadeira parceria.

CONSIDERAÇÕES FINAIS

Em síntese, consideramos a relevância de que a escola se conscientize de que uma gestão mais democrática favorecerá que todos os seus integrantes, incluindo os familiares, sintam-se pertencentes e comprometidos com a comunidade educativa, contribuindo para o sucesso das relações estabelecidas e do trabalho desenvolvido com os estudantes. Para tanto, torna-se imprescindível a promoção de espaços de diálogo em que a participação dos pais e dos alunos seja efetiva. Acreditamos que participando ativamente das atividades propostas pela escola, tendo o direito de expressar seus desejos e dificuldades, além de sentir-se respeitada, a comunidade resgatará o sentido de fazer parte do grupo. Consequentemente, esse sentimento de pertencimento promoverá o zelo pelo espaço coletivo, diminuindo os atos de violência e vandalismo.

Essa nova forma de gestão também poderá influenciar nos aspectos apontados em relação à violência doméstica. Em primeiro lugar, por ser possível inferir que um trabalho construtivo com o próprio aluno promoverá a autorregulação necessária à mudança de comportamento, contribuindo para diminuir a frequência dos bilhetes enviados aos pais e, consequentemente, dos castigos sofridos em casa. Além disso, podemos supor que a proximidade dos familiares na escola favorecerá a realização de momentos em que eles possam dialogar sobre as dificuldades encontradas na educação dos filhos, bem como promover reflexões sobre formas de ação e suas consequências no desenvolvimento.

Todavia, vale ressaltar a necessidade de reconstruir da gestão escolar para que se crie um ambiente sociomoral favorável ao desenvolvimento moral, cognitivo e afetivo. Passa a ser indispensável compreender que, para a vivência de um espaço realmente democrático, a escola deverá contar com a participação e o envolvimento de todos os membros da comunidade educativa. Alertamos, ainda, para o fato de que será preciso mais do que ações isoladas e esporádicas; mesmo que promovam resultados positivos e eficazes, haverá a necessidade de reorganização como um todo, incluindo a revisão da concepção a respeito da parceria com as famílias.

Dessa forma, concluímos que a tarefa de educar moralmente cabe a todos os que fazem parte da comunidade educativa: pais, professores e demais funcionários da instituição, sendo conscientes da importância de cada um cumprir seu papel.

SOBRE AS AUTORAS

SANDRA CRISTINA DE CARVALHO DEDESCHI é mestre em Psicologia Educacional pela Faculdade de Educação da Universidade Estadual de Campinas, professora do curso de pós-graduação *As relações interpessoais na escola e a construção da autonomia moral*, da Unifran.

LÍVIA MARIA SILVA LICCIARDI é doutoranda no PPG da Faculdade de Educação da Universidade Estadual de Campinas, professora do curso de Pedagogia da USF e da pós-graduação *As relações interpessoais na escola e a construção da autonomia moral*, da Unifran.

REFERÊNCIAS

AZEVEDO, M. A.; GUERRA, V. N. DE A. "Violência doméstica contra crianças e adolescentes: Um cenário em (des)construção." In: *UNICEF: Direitos negados: A violência contra a criança e o adolescente no Brasil*. 2ª ed., Brasília, DF: Unicef, 2006.

_____. *Mania de bater: A punição corporal doméstica de crianças e adolescentes no Brasil*. São Paulo: Iglu, 2001.

DEDESCHI, S. C. DE C. *Bilhetes reais e/ou virtuais: Uma análise construtivista da comunicação entre escola e família*. Dissertação de Mestrado, Faculdade de Educação, Universidade Estadual de Campinas: Campinas, 2011.

FOERSTE, E. *Parceria na formação de professores*. São Paulo: Cortez, 2005.

GOERGEN, P. "Educação Moral hoje: Cenários, perspectivas e perplexidades." *Educ. Soc.*, Campinas, vol. 28, nº 100 — Especial, out. 2007, p. 737-762. Disponível em: <http://www.cedes.unicamp.br>. Acesso em: 27 maio 2011.

GARCIA, H. H. G. DE O. *Família e escola na educação infantil: Um estudo sobre reuniões de pais*. Dissertação de Mestrado, Instituto de Psicologia, Universidade de São Paulo: São Paulo, 2005.

GARCIA, X. M.; PUIG, J. M. *As sete competências básicas para educar em valores*. São Paulo: Summus, 2010.

GONÇALVES, L. A. O.; SPOSITO, M. P. "Políticas Públicas de Violência Escolar no Brasil." *Cadernos de Pesquisa*, nº 115, mar. 2002. Disponível em: <http://www.scielo.br/pdf/%0D/cp/n115/a04n115.pdf>. Acesso em: 27 maio 2011.

MALTA CAMPOS, M. *A qualidade da educação sob o olhar dos professores*. São Paulo: FSM/OEA, 2008.

MONFREDINI, I. "O projeto pedagógico em escolas municipais: Análise da relação entre a autonomia e manutenção e/ou modificação de práticas escolares." *Educação e Pesquisa*, São Paulo, vol. 28, nº 2, jul./dez. 2002, p. 41-56.

PACHECO, C. R. C. "Violência, educação e autoridade: Entre as águas que arrastam e as margens que aprisionam." In: CUNHA, J. L.; DANI, L. S. C. (orgs.). *Escola, conflitos e violência*. Santa Maria: UFSM, 2008, p. 133-148.

PARO, V. H. *Qualidade do ensino: A contribuição dos pais*. São Paulo: Xamã, 2007.

_____. *Gestão democrática da escola pública*. 3ª ed. São Paulo: Ática, 2006.

_____. "Parem de preparar para o trabalho." In: FERRETTI, C. J. *et alii* (orgs.). *Trabalho, formação e currículo: Para onde vai a escola*. São Paulo: Xamã, 1999. Disponível em: <http://educacao.uniso.br/pseletivo/docs/PARO.pdf>. Acesso em: 29 maio 2011.

REGO, T. C. R. "A indisciplina e o processo educativo: Uma análise na perspectiva vygotskiana." In: AQUINO, J. G. *Indisciplina na escola: alternativas teóricas e práticas*. São Paulo: Summus, 1996, p. 83-102.

RIBEIRO, D. F.; ANDRADE, A. DOS S. "A assimetria na relação entre família e escola pública." *Paideia*, vol. 16, nº 35, 2006, p. 385-394. Disponível em: <http://www.scielo.br/pdf/paideia/v16n35/v16n35a09.pdf>. Acesso: 27 maio 2010.

SAGIM, M. B. *Violência doméstica observada e vivenciada por crianças e adolescentes no ambiente familiar*. Tese de Doutorado, Faculdade de Filosofia e Letras de Ribeirão Preto, Universidade de São Paulo: Ribeirão Preto, 2008.

SANTOS, A. A. C.; SOUZA, M. P. R. "Cadernos escolares: Como e o que se registra no contexto escolar?" *Psicologia Escolar e Educacional*, vol. 9, nº 2, 2005, p. 291-302.

SAVATER, F. "O eclipse da família." In: SAVATER, F. (org). *O valor de educar*. São Paulo: Planeta do Brasil, 2005, p. 57-87.

SILVEIRA, L. M. DE O. B.; WAGNER, A. "Relação família-escola: Práticas utilizadas por pais e professores." *Psicologia Escolar e Educacional*, vol. 13, nº 2, 2009, p. 283-291.

SPOSITO, M. P. "Um breve balanço da pesquisa sobre violência escolar no Brasil." *Educação e Pesquisa*, São Paulo, vol. 27, nº 1, jan./jun. 2001, p. 87-103.

VASCONCELOS, C. S. V. *Coordenação do trabalho pedagógico: Do projeto político-pedagógico ao cotidiano da sala de aula*. 5ª ed. São Paulo: Libertad, 2004.

Capítulo 8

Relação com autoridade – disciplina
Vencer a obediência cega e construir conjuntamente a convivência

ALUNOS, PROFESSORES, ESCOLA E INDISCIPLINA:

O contexto pós-moderno e as contribuições de Piaget

SILVIA PARRAT-DAYAN

A INDISCIPLINA na escola é um tema da educação que é difícil deixar de lado. Como diz Prairat (2003), não há escola sem disciplina. A disciplina é um instrumento de trabalho que facilita a relação tanto com as coisas como com as pessoas. Podemos dizer que a disciplina é um conjunto de regras de conduta estabelecidas para manter a ordem e o desenvolvimento normal de atividades em uma sala de aula ou num estabelecimento escolar. Além de ser um instrumento de trabalho para que na escola aconteça o que deve acontecer, ou seja, a aprendizagem e a coabitação entre os alunos, a disciplina pretende que cada aluno entre na cultura da responsabilidade.

A indisciplina é, assim, um disfuncionamento e se manifesta de diferentes formas. Frequentemente se confunde com a violência, que, na verdade, é um problema muito preocupante hoje. Mesmo que muitas vezes violência e indisciplina se apresentem como diretamente relacionadas, a violência escolar e a indisciplina escolar não são sinônimos. Por isso é preciso diferenciar os atos de indisciplina e os atos de violência. Se a violência é um problema de polícia e de juízes, de crimes e delitos repertoriados pelo código penal, a indisciplina é um problema do professor. A disciplina se aprende. Ela é uma competência escolar que deve ser adquirida. Não pode ser imposta, mas é o resultado de um trabalho de todos em sala de aula. Assim, é totalmente legítimo falar de indisciplina escolar porque o mau funcionamento que representa o barulho, as discussões intermináveis dos alunos, o fato de jogar papeizinhos, as grosserias, as ofensas verbais, as piadas fora de lugar, o não querer trabalhar, o chegar atrasado à escola, as ausências, o barulho incessante, a falta de respeito, as indelicadezas da linguagem, as diferentes formas de bagunça, enfim, ainda que falando só de alguns dos comportamentos considerados como indisciplinados, estão ligados ao mau funcionamento disciplinar e pedagógico da sala de aula e da escola.

A indisciplina escolar pode ser considerada, assim, como um mau funcionamento do ambiente escolar e da pedagogia utilizada. A missão da escola é bem permitir aos alunos a conquista do saber, ou seja, dar, por intermédio do saber, as chaves que vão permitir a construção da identidade de cada um e de entrar assim no mundo.

Como a disciplina não é um fenômeno atemporal, podemos nos perguntar o que significa indisciplina hoje e quais são as suas causas. Vejamos o problema do ponto de vista da escola atualmente. Podemos dizer que a escola está em crise. Essa crise não é só a ruptura do funcionamento da escola de antes frente à massificação que caracteriza a escola hoje. É também a ruptura da instituição escolar nela mesma. A explicação dessa ruptura participa do que se chama a modernidade: o declínio do sagrado, a transformação do indivíduo, a profissionalização do trabalho do professor, que se torna cada vez mais difícil. Tudo participa desta modernidade: a crise econômica, a globalização, o liberalismo, a cultura de massas (ver Parrat-Dayan, 2001).

Se a crise da escola fosse vista como só devida a fatores externos, o que importaria seria defender e restabelecer a escola tradicional.

Mas se consideramos que a crise da escola provém de uma transformação geral do modelo educativo e de socialização, então é necessário deslocar o nosso olhar para o que François Dubet (2008) chama a *experiência dos atores*, porque o essencial nos relacionamentos sociais se cristaliza nesta experiência.

Por outro lado, sabemos que, frente ao poder da mídia, a escola perde o monopólio cultural que fazia a sua força, o qual constitui um fator importante nesta ruptura ou mutação profunda da instituição escolar.

Enfim, a educação funciona hoje como um mercado em que os alunos e as famílias procuram riquezas úteis para o futuro social. Este mercado é cada vez mais difícil, porque hoje a escola é uma escola para todos, inclusive para os alunos mais pobres e os menos talentosos. Nessas circunstâncias, é preciso explicar a legitimidade da cultura escolar na qual a autoridade do professor já não é inerente à sua função. Isto é cada vez mais visível em função da rapidez das mudanças sociais que desestabilizam a legitimidade dos saberes estabelecidos. Como foi dito, a escola tem novos alunos. Esses novos alunos são alunos que não estão motivados para estudar. Eles devem se submeter a uma aculturação escolar importante, ou seja, eles devem se adaptar a uma cultura que ainda não conhecem.

Outro problema que explica a crise da escola é que a cultura dos jovens e a cultura de massas invadem a escola e criam um problema na relação pedagógica porque os alunos querem ser considerados como crianças, adolescentes, jovens, e não só como alunos. Existe uma tensão importante entre a vida juvenil e a vida escolar. Assim a indisciplina escolar se multiplica e vai bem além das formas tradicionais de indisciplina.

Tudo isso provocou a crise dos sistemas escolares, e os professores se queixam das dificuldades que encontram no trabalho do dia a dia porque esse trabalho não está definido pelos códigos e crenças de uma instituição protegida como foi a escola. Além do mais, o professor se sente agredido pelos pais que reclamam, se sentem julgados pelos colegas e autoridades da instituição, são testados pelos alunos e confrontados com um discurso negativo proveniente de diferentes formas de informação. Ele é também desqualificado pelos pais, pelo diretor da escola, pela sociedade. Frente a esta situação, a indisciplina dos alunos parece uma resposta adequada.

Agora o tema é saber se ficamos com uma imagem de crise ou se consideramos que o universo escolar mudou, ou seja, transformou-se em outro. Neste último caso é necessário ver como a escola trabalha e como a noção de experiência escolar tanto do professor como do aluno se torna importante.

Com efeito, a experiência dos professores e dos alunos responde a uma forma nova de produzir atores sociais e se encontra no interior da transformação da sociedade. A significação da experiência do aluno e do professor não responde a princípios transcendentes.

Do ponto de vista do aluno, a experiência escolar consiste em se construir como sujeito da sua escolarização. Aqui o problema é saber como dar sentido ao trabalho escolar. Para isso será necessário resolver uma série de problemas. Por exemplo, tentar articular a posição de aluno com a adesão à cultura juvenil ou tentar articular a utilidade dos estudos a uma classe social e com o saber.

Do ponto de vista do professor, a experiência escolar implica também uma série de problemas. Para o professor, a mudança da escola provoca uma diferença entre o *status* (lugar atribuído no sistema) e a profissão (a forma como cada um realiza seu trabalho). Uma parte da identidade do professor se define em relação ao *status* e nesse caso é necessário defender a escola e refutar tudo o que não é transmissão do saber. A outra parte da identidade é individual e se relaciona com a profissão vista como uma experiência pessoal. Assim acontece de o professor fazer na sala de aula o contrário do que deveria fazer em função do *status*. Se o aluno obtém resultados bons é porque o professor vai bem mais longe do que define seu *status*. O professor se compromete pessoalmente na sua generosidade, no seu entusiasmo, nas suas convicções. Na verdade, sem esse comprometimento individual, a profissão seria hoje impossível, porque existe uma distância muito grande entre as normas do *status*, o ideal profissional e as condutas reais.

É necessário compreender que hoje os alunos estão menos motivados e menos preparados do ponto de vista intelectual; eles nem sempre têm as competências necessárias para a escola, e assim não respondem àquilo que os professores esperam deles. É necessário compreender, também, que a autoridade do professor está baseada no trabalho constante; o professor se compromete pessoalmente para convencer os alunos, inventa métodos inéditos para dar aula e consegue estabelecer uma certa paz social.

Para o professor, a disciplina é uma necessidade desagradável e cansativa. Assim, ele pensa que se investir na disciplina deixará de fazer o trabalho dele: conseguir que o aluno entre no universo intelectual definido pelo programa.

Na verdade, o trabalho do professor consiste menos em dar aulas que de produzir as condições que permitem dar aula. E isso é mais difícil hoje porque os alunos são mais autônomos, menos impressionados pela disciplina e mais espertos que antes.

O professor tem a impressão de se esgotar. Restabelecer a disciplina é difícil porque a autoridade do professor não é natural e indiscutível. Além do mais, é o próprio professor que não aceita mais esse tipo de autoridade. Ele pensa que a autoridade deve ser o produto da razão, do espírito crítico e democrático. E nesse contexto será preciso que o aluno se motive. Assim, uma vez que o professor estabeleceu a disciplina, ele deve conquistar o interesse do aluno para que a sua aula faça sentido. O problema é que ele pensa que o interesse do aluno depende de seu próprio interesse e de sua personalidade. Por isso não acredita mais nas técnicas pedagógicas, mas acredita na sua própria experiência prática. Podemos dizer que a subjetividade está no centro da relação pedagógica.

É fato que a indisciplina na escola aumentou, e este fenômeno não tem uma causa única. A disciplina está associada a normas e regras sociais e morais. A massificação faz com que alunos de diferentes culturas e de diferentes meios sociais frequentem a escola. O público da escola é novo. Esses alunos trazem para a escola condutas da vida deles. Trata-se, por exemplo, de brigas entre meninos, ou de uma dificuldade para aceitar o controle social escolar. Não se trata de condutas delinquentes nem perigosas, de condutas que nada têm a ver com a escola — falamos aqui de uma agitação permanente, e de um barulho que persiste o tempo todo e que não permite que aconteça a relação pedagógica como os professores querem. Os alunos são incapazes de se escutarem. Suas vozes circulam em diferentes direções e a voz do professor integra esse circuito. São conversas cruzadas, e o professor pode perceber essas condutas como agressivas.

Acontece que, hoje, as condutas indisciplinadas adotam uma forma anômica. Elas se manifestam por uma agitação constante por meio da qual os alunos resistem à escola e mostram a sua indiferença. Esses alunos se encontram afastados da cultura escolar e cada professor deve conquistar as condições que vão lhe permitir dar aula. Os alunos vivem num ambiente onde o ruído de fundo é constante, eles falam alto, se levantam, brigam, como fariam na rua. Assim, recebendo esses novos alunos, a escola recebe também novas condutas. Essas condutas não são bem-aceitas pelos professores porque a distância cultural entre os alunos e eles é grande. Dessa forma, os professores percebem como formas de barbárie e de violência condutas que para os alunos são normais. Por isso, uma das causas da indisciplina poderia ser atribuída ao fato de que as normas, referências, maneiras de ser e costumes dos alunos têm aspectos diferentes de uma cultura para outra. Assim, os alunos não conhecem as normas da cultura do professor e o professor ignora as normas da cultura dos alunos.

O problema é que as condutas dos alunos desestabilizam as situações escolares. Cada professor deve então estabelecer a disciplina para poder dar aula. Muitos deles se esgotam nessa tarefa e esperam que a direção da escola ajude. E é verdade que a coesão da equipe educativa da instituição toda é uma variável importante para estabelecer a disciplina, porque a coesão da equipe pode proporcionar uma forma que estabilize as condutas dos alunos e que lhes permita diferenciar o que tem a ver com a escola e o que tem a ver com a vida do bairro.

O QUE FAZER? QUAL SERIA ENTÃO A MARGEM DE AÇÃO?

Na Suíça se pensou em um sistema chamado *"classes time out"*, que é um instrumento que permite excluir temporariamente os alunos difíceis, alunos que apresentam problemas de conduta ou que apresentam problemas relacionados com o professor ou com os pais e que perturbam o ensino. A ideia é que os alunos devem resolver seus problemas, causados por motivos muito diferentes, num lugar outro que a sala de aula, para logo retornar à sala de aula, ou seja, ser reintegrado. Na verdade, essa ferramenta alivia a escola. E os alunos são penalizados porque se veem privados de aulas, o ensino não está estruturado, e além do mais, o fato de que esses alunos estiveram nesse tipo de classe figura no boletim escolar de fim de estudos, o que complica logo a busca de um trabalho. Não é surpreendente saber que os alunos que são enviados a essas classes provêm de meios desfavorecidos e são de origem estrangeira.

Como já dissemos, a escola não recebe só alunos, mas também crianças e adolescentes que devem se constituir em sujeitos de educação. Assim, paradoxalmente a escola de massas deve ter em consideração a singularidade dos indivíduos.

Os professores devem imaginar as regras de vida da classe e tentar motivar os alunos. Para isso precisam se dedicar pessoalmente, já que cumprir com o programa não é suficiente.

O processo é paralelo para os alunos que devem se motivar e se interessar mais que antes na escola tradicional. E como a massificação não conseguiu cumprir com a promessa da igualdade, como a utilidade dos estudos se vê ameaçada pela inflação de diplomas, o programa escolar tradicional não é suficiente para que a instituição sobreviva.

Essa evolução é vista como uma crise da escola. A legitimidade da escola e sua cultura são discutidas. Não se percebe mais a utilidade da escola. A autoridade da escola encontra novos problemas ligados aos novos públicos escolares. A distância entre a cultura de massas baseada na rapidez, a satisfação imediata, e a cultura escolar que exige trabalho e esforço é cada vez maior.

O trabalho do professor se torna difícil e estressante. Por um lado, porque a escola não pode eliminar facilmente os alunos que molestam, e por outro porque o aluno deve ser conquistado, seduzido e isso já não é fácil. Essa situação provoca a nostalgia pela escola de antes. Idealiza-se o passado. Quer se voltar à escola de antes, em que a disciplina era constitutiva da relação pedagógica.

O professor vê como contraditório o fato de que deve obter do aluno o hábito de obedecer, de respeitar a ordem escolar e, ao mesmo tempo, estimular a autonomia do aluno. Provavelmente nas representações sociais do professor coexistem imagens diferentes do que deve ser o aluno: um aluno adestrado e obediente, um aluno razoável e um aluno cooperativo, que são as três formas que a disciplina assume na história.

Podemos pensar que as mudanças e as crises que engendram a globalização liberal têm efeitos sobre a escola. Não é culpa da escola se há desemprego, ou se a pobreza se instala numa parte da população. Mas é difícil ver a política ultraliberal como causa única da transformação da escola. Trata-se de uma crise da instituição. A escola mudou. Entre continuidade e ruptura precisamos saber como acontece o tipo de individualidade democrática moderna.

Frente a esta crise é necessário redefinir a natureza de uma escola democrática, o que exige uma grande capacidade política.

A escola que conhecemos precisa ser reinventada! E é dessa forma que se poderão enfrentar os problemas de indisciplina na escola. Jean Piaget responde em parte a esta questão. Para ele, uma escola em que há disciplina é uma escola democrática fundamentada na moral da cooperação, que aponta para a formação de cidadãos autônomos, cidadãos preparados para o debate, capazes de coordenar pontos de vista diferentes. É cidadão aquele que é capaz de perceber que as normas e as regras são o produto do consenso, reconhecendo-as como válidas e respeitando-as autonomamente e não por meio de uma disciplina exterior e unilateral. Ser disciplinado, nesse sentido, é substituir a regra da coação pela regra da cooperação.

Todas as pesquisas mostram que quanto mais alto é o nível de educação, mais alto é o nível de tolerância, de democracia, de virtudes cívicas necessárias à coesão social dos indivíduos. Ou seja, é verdade que a educação fez bem ao indivíduo. Porém, a sociedade em que o nível de educação é mais alto não é automaticamente mais tolerante, confiante, democrática. Nos Estados Unidos, onde o nível de educação é alto, nota-se um alto nível de criminalidade e desigualdade. Na verdade, a escola deve admitir que não é a única na formação do indivíduo. Por isso deveríamos nos perguntar como a escola está inserida na vida social, o que é um problema político, sobretudo numa época em que a educação escolar parece ter como único objetivo a produção de capital humano para produzir capital.

Mesmo se a educação está necessariamente adaptada à sociedade, podemos definir três funções principais da educação: a distribuição, a transmissão e a função educativa. Cada uma delas depende da escolha cultural e social que se faça. Por isso, e para se ter uma consciência mais clara da política escolar, é interessante comparar diferentes sistemas escolares. Tudo isso deve ser pensado e discutido.

Do ponto de vista da distribuição social, as perguntas que poderíamos nos fazer são, por exemplo: Em que medida a escola reproduz ou transforma as desigualdades sociais e individuais? Que lugar ocupa o mérito pessoal? Qual é a influência do mérito escolar sobre a profissão social? É aceitável? Essas são questões políticas e sociais na medida em que determinam uma redistribuição de posições.

Toda escola tem uma função de transmissão. O programa e a cultura escolar são justamente o conteúdo que a sociedade decidiu legar para as suas crianças. Os objetivos dessa cultura são às vezes opostos. Por exemplo, transmitir a memória de uma sociedade e preparar para um mundo caracterizado pelas mudanças rápidas. O que transmitir? Conhecimentos escolares culturais e gratuitos ou conhecimentos utilizáveis no mundo do trabalho? Nessa decisão coexistem prioridades e sacrifícios. E é por isso que deve ser pensada. Numa sociedade democrática a função da escola é também educativa. O projeto educativo escolar se apoia sobre uma representação do indivíduo e da liberdade, na medida em que se quer formar cidadãos autônomos e críticos.

O que é curioso, é que, se é verdade que a escola denuncia o poder da mídia, a omissão das famílias, o egoísmo ou as tentações comunitárias, por outro lado, parece incapaz de afirmar um projeto educativo que não se reduza às performances dos alunos ou à submissão à disciplina. Nessas circunstâncias, não é uma surpresa ouvir dizer que os jovens não têm confiança neles nem nos outros e que não acreditam nem na sociedade nem nas instituições.

A escola não pode assumir todos os problemas que vêm do desemprego, da crise de valores, da crise social e econômica. Mas o que ela pode fazer? E, concretamente, na sala de aula, o que fazer? Como enfrentar a indisciplina na escola? Antes de mais nada, devemos repetir que, para nós, a disciplina se aprende, e se aprende como qualquer conteúdo. Mas se trata de uma matéria que atravessa todas as outras, e, nesse sentido, é interdisciplinar; ou seja, todas as outras matérias dependem da disciplina. E mais: a disciplina se constrói — como, aliás, qualquer conhecimento.

Ser disciplinado significa ter um comportamento subordinado a regras. A regra se constrói, e se constrói por consentimento. Na escola estas regras devem permitir que aconteça a aprendizagem. Mas não apenas porque a escola é necessariamente um espaço educativo, mas porque a escola educa pela forma como ela funciona. Não se pode ensinar a cidadania e não respeitar os princípios da democracia. Não é justo que a escola elimine os alunos que não conseguem se instruir porque ela não tem educação a oferecer.

Para definir as regras se procede de forma democrática. Os problemas de indisciplina estão associados a um problema de regras. Assim, uma primeira solução seria a de tentar estabelecer regras com os alunos, a partir do momento em que surge a necessidade delas: regras de convivência e regras de trabalho para poder aprender juntos; regras em relação ao tempo e momento de fala, em relação ao material, em relação aos deslocamentos possíveis na sala de aula. Toda regra comporta obrigações e condutas proibidas, mas também condutas que se permitem, condutas autorizadas, condutas que podemos chamar direitos, e esses direitos, muitas vezes, dependem de competências que devem se adquirir.

Por trás da teoria psicogenética de Piaget está a ideia de que a democracia pressupõe a intersubjetividade e o diálogo argumentado. Por isso, respondendo à pergunta "como combater a indisciplina?", a resposta imediata é: por meio da discussão e do diálogo argumentado. Isto implica que as regras podem ser criadas, negociadas, renegociadas. Isto implica também permitir que os alunos falem, e mostrar uma disposição em acreditar que eles são capazes de cooperar e de se respeitar. Só uma escola democrática pode educar para a cooperação e o respeito mútuo. E esta é a escola construtivista. Isto nos indica também que a função da escola não é só a de transmitir conhecimentos, mas também de aprender a trabalhar com os outros, a experimentar a cooperação, a respeitar o outro, a ser feliz.

Notemos que para a escola construtivista o saber não se transmite, mas deve ser construído pelas crianças. Só o ambiente de cooperação, de autonomia, de *self-government* e de trabalho em equipe permite a construção do saber. Podemos dizer exatamente o mesmo do ponto de vista da disciplina: só o ambiente de cooperação, de autonomia, de *selfgovernment* e de trabalho em equipe permite a construção da disciplina.

O debate é uma das ferramentas que permitem trabalhar o problema da indisciplina. Para isso é preciso aprender a discutir, o que implica a aquisição de competências relacionadas à capacidade para analisar, falar, escrever, ler.

Os alunos devem aprender a se defender, a argumentar, a trocar ideias, a trocar pontos de vista diferentes, a escutar, a se questionar, a propor outras ideias, a adquirir espírito crítico. O debate, na verdade, também se aprende. Progressivamente os alunos compreendem as necessidades de organizar o debate, de respeitar as intervenções, de fornecer argumentos para alimentar, matizar opiniões e fazer progredir o debate.

O debate pode servir para encontrar coletivamente soluções diante de um problema. Aprende-se que matizar a própria opinião ajuda a convencer alguém que tem uma posição diferente. O debate pode mostrar, também, que muitas pessoas utilizam estratégias argumentativas para enganar ou manipular os outros, e isso é importante, por exemplo, para analisar o que os meios de comunicação de massas transmitem. Finalmente, tais discussões nos ensinam que é necessário aprender a tratar um tema em todas as suas dimensões, e que para isso é preciso informar-se com antecedência. O debate é, assim, uma ferramenta para lutar contra os problemas de indisciplina. Se um aluno é agressivo na sala de aula é necessário confrontá-lo, ouvir o aluno e evitar dar conselhos, soluções, críticas e interrogatórios. Dessa forma, o professor mantém abertas as linhas de comunicação. Por outro lado, ao transformar um problema individual (depois de resolvido com quem é de direito) em uma questão coletiva e discuti-la com todos, o professor dará mais responsabilidade a cada aluno, claro que tomando o cuidado de retomar as ações realizadas e não as pessoas que a fizeram.

Outra forma de enfrentar a indisciplina é utilizar a escrita como remédio. Por exemplo, o aluno que cometeu uma falta pode ser solicitado a preencher um formulário, chamado formulário de reflexão, no qual ele escreve o que ele fez, o que a outra pessoa sentiu, e o que ele está disposto a fazer para remediar.

O debate, a escrita e outras ferramentas como o trabalho com a noção de conflito favorecem o espírito crítico, a solidariedade, a cooperação, o rigor argumentativo, que são essenciais no campo da disciplina e também da aquisição do saber. Nessa outra concepção da escola se trata de promover um indivíduo capaz de resolver problemas, de pensar por si mesmo, capaz de produzir novos conhecimentos, de desenvolver a capacidade de busca e produção. Vemos que a escola tem outras funções que a função de transmissão.

Mas é apenas dentro de uma sociedade mais livre, com indivíduos autônomos e responsáveis, que decidem por si mesmos e que cooperam mutuamente uns com os outros, que se torna possível que uma escola favoreça esse tipo de atitudes e de condutas. A transformação da escola e a da sociedade devem caminhar juntas.

A escola mudou. A escola se transforma numa outra escola. É esta escola que deve ser pensada. Uma escola mais justa deveria permitir que todos a frequentassem, e por muito tempo. Precisamos de uma escola democrática.

Como mencionamos, é importante definir os conteúdos que vão definir a cultura de todos os alunos. E essa resposta, numa sociedade democrática, deve ser pensada por todos os cidadãos. Essa cultura, que seria uma cultura comum a todos, deve ser pensada não só por meio daquilo que o professor pode oferecer, mas também por intermédio das necessidades que os alunos têm, para que eles possam viver suas vidas.

Finalmente, é preciso dizer que ao contrário do discurso negativo que se tem sobre a escola e os professores, a escola muda e tenta se adaptar. Assim, o estilo do professor mudou, os programas também, as leituras dos alunos correspondem mais aos gostos dos alunos, os alunos podem ser ouvidos etc. Mas essas mudanças são pontuais e não fruto de projetos pensados. Assim, se apesar de todos os problemas a escola continua existindo, é porque os professores imaginam muitas e diversas soluções para ensinar, para motivar. Ou seja, apesar da crise, apesar de estar num mundo onde a função de professor se tornou quase impossível na medida em que se pede a eles tudo e mais um pouco, os professores não renunciaram ao ensino. Assim a escola se transforma num lugar de vida, num lugar onde também se aprende a ser feliz. Dessa forma, a educação poderia tornar o mundo mais agradável, mais confiante e menos inquietante.

SOBRE A AUTORA

SILVIA PARRAT-DAYAN, Archives Jean Piaget. Universidade de Genebra, Suíça.

REFERÊNCIAS

DUBET, F. *Faits d'école*. Paris: Éditions de l'EHESS, 2008.

PARRAT-DAYAN, S. "Autonomia na escola: Uma utopia?" In: DE ASSIS, M. C.; DE ASSIS, O. Z. M. *Transformar a educação: O nosso desafio*. Laboratório de Psicologia Genética FE/Unicamp. Campinas: R. Vieira Gráfica e Editora, 2001, p. 48-62.

_____. *Como enfrentar a indisciplina na escola*. Contexto: São Paulo, 2008.

PRAIRAT, E. *Questions de discipline à l'école et ailleurs....* Ramonville Saint--Agne: Eres, 2003.

Breve histórico do Gepem – Grupo de Estudos e Pesquisas em Educação Moral

A CRESCENTE demanda pelos estudos na temática do desenvolvimento moral que, por um lado, denota constantes incertezas cotidianas quanto a como educar moralmente, por outro, aponta para uma necessidade urgente de se criar espaços de discussão, pesquisa e reflexão sobre um tema tão necessário em tempos atuais. Tal compromisso com a pesquisa e com a comunidade educativa levou em 2005 à criação do Gepem — o Grupo de Estudos e Pesquisas em Educação Moral que integra hoje pesquisadores de diferentes universidades públicas como USP, Unifesp, Unesp e Unicamp e universidades particulares como Unisantos, Unifae, Unifran dentre outras. Liderado pela professora Aurea Maria de Oliveira e sediado na Unesp de Rio Claro, o Gepem mantém três linhas de pesquisas que abarcam a temática da moral e suas relações com a educação e outras ciências. Na primeira delas, coordenada pela professora Aurea Maria de Oliveira, as investigações conduzidas objetivam compreender conceitos-chave da temática da moral como a cooperação, a igualdade, a liberdade, a identidade individual, social e universal do homem à luz de estudos da Filosofia, da Sociologia e da Psicologia. O que significa cooperação? Como se dá o entendimento deste tema em diferentes campos de atuação? São exemplos de interrogações que perpassam pelos estudos da linha "A educação moral e a formação do Eu universal". Coordenados pela professora Luciene Regina Paulino Tognetta, os estudos da segunda linha de pesquisa cadastrada como "Afetividade e virtudes" procuram respostas aos problemas de violência, agressividade e bullying cotidianos em escolas investigando suas causas e suas relações com os aspectos afetivos necessários ao desenvolvimento moral. Como são construídas as virtudes do ponto de vista psicológico, o que significa formar uma personalidade ética e que tipo de estratégias podem ser utilizadas para o trabalho com afetividade na escola? São perguntas que instigam tais investigações. Finalmente, bastante próximas a essas indagações, tem-se outras: quais as consequências de um trabalho com as relações interpessoais na formação socioafetiva de crianças e adolescentes? Quais procedimentos podem ser utilizados para a formação da autonomia moral? Como são vistos os conflitos interpessoais na escola? São perguntas cujo objetivo maior é discutir, assim como nas demais linhas numa visão construtivista, a questão das "As relações interpessoais e o desenvolvimento moral no contexto educativo". Esta linha de pesquisa é coordenada pela professora Telma Pileggi Vinha. É, portanto, o grande objetivo do Gepem fomentar cada vez mais a pesquisa e sua aproximação com a realidade escolar. Seja promovendo encontros e seminários, seja mantendo um grupo de estudos iniciantes aos que procuram pelo Gepem, seja organizando bianualmente o Coppem — Congresso de Pesquisas em Psicologia e Educação Moral, o compromisso com a educação é o que fundamenta os trabalhos desse grupo.